너무 간단해서 따라 하고 싶은
편의점 다이어트 식단

일러두기

· 본문에 나온 모든 주는 옮긴이의 것입니다.

CALORIE KI NI SEZU TABETE KENKOU NI YASERU KONBINI 3 PIN DIET

Copyright © 2024 Yoshimi Saito
Supervision by Hironobu Hama
All rights reserved.
Original Japanese edition published by KANKI PUBLISHING INC.
Korean translation rights © 2025 by SOOMPRESS
Korean translation rights arranged with KANKI PUBLISHING INC., Tokyo
through EntersKorea Co., Ltd. Seoul, Korea

이 책의 한국어판 저작권은 (주)엔터스코리아를 통해 저작권자와 독점 계약한 숨프레스에 있습니다.
저작권법에 의하여 한국 내에서 보호를 받는 저작물이므로 무단전재와 무단복제를 금합니다.

탄수화물 **단**백질 **식**이섬유소
3가지 아이템으로 충분하다!

너무 간단해서 따라 하고 싶은

편의점
다이어트
식단

사이토 요시미 지음
하마 히로노부 감수
서선 옮김

숨프레스
SOOMPRESS

시작하며

하루 세 끼, 제대로 먹어서 날씬해지고, 건강해지자!

'살 빼고 싶어, 다이어트해야겠어' 생각하지만 좀처럼 운동할 결심이 서지 않습니다. 끼니를 먹을 때마다 칼로리를 계산하는 일도 여간 번거로운 게 아니고요. 달달한 음식의 유혹은 또 얼마나 강한가요? (이성을 잃고) 많이 먹었다 싶은 날엔 양심상 식사량을 줄여 봅니다. 너무 줄인 나머지 배가 고파졌다 싶으면 또다시 (이성을 잃고) 양껏 먹고 말지요. 그러는 사이에 '에라 모르겠다. 다이어트는 내일부터'가 되고 맙니다.

'이거 내 이야기잖아?' 하고 뜨끔하지 않으신가요? 저는 뜨끔합니다.

일찍이 저는 지금보다 15킬로그램 정도 체중이 더 나갔었던 적이 있습니다. 당시 식사량을 줄이는 방식의 다이어트를 했었는데, 컨디션이 급격하게 나빠져 병원에 입원하는 신세가 되었습니다. 그때 의사 선생님께 들은 말이 "체중이 많이 나가는데 영양실조네요"였습니다.

그렇습니다. 사실 살이 빠지지 않아 고민인 분들 중에는 식사량이 많거나 열량 높은 음식을 섭취해서가 아닌 '영양 밸런스가 맞지 않아' 살이 빠지지 않는 분들이 더러 있습니다.

실제로 저 역시 그동안 어떻게 끼니를 때웠는지, 저의 식사 내용을 하나하나 다시 점검해 보았고 또한 교정했습니다. 그 결과 무리한 식사 제한이나 단식을 하지 않고, 또 일명 '다이어트 약'이라 불리는 보조제의 도움 없이, 마찬가지로 힘든 근력 운동도 하지 않고 반년간 체중 7킬로그램 감량, 체지방률을 8% 줄일 수 있었습니다. 물론 요요 현상 없이 지금까지도 이 몸무게를 잘 유지하고 있고요.

'균형 잡힌 식사를 하라니, 그게 쉬웠으면 이렇게 고생했겠느냐'라는 원성이 들리는 것만 같습니다. 이해합니다. 저 역시 쌍둥이를 키우는 주부로서 너무 손이 많이 가는 식단은 할 수가 없었으니까요. 우리처럼 바쁜 현대인들이 '매일매일 간단하게 시도해 볼 수 있는 식단이 뭐가 있을까…?' 고민하며 수많은 시행착오를 거듭한 끝에 다다른 게 바로 '탄수화물×단백질×식이섬유소' 세 가지 영양소를 매 끼니 섭취하는 일명 '탄단식' 식사법입니다.

매 끼니 탄수화물, 단백질, 식이섬유소라는 세 가지 요소를 갖추기만 하면 되는 식사법. 누구나 손쉽게 따라해 볼 수 있도록 이 책에서는 '편의점에서 파는 세 가지 상품 조합'을 통해 아침·점심·저녁 메뉴를 각각 7개씩 귀여운 일러스트와 함께 소개합니다.

먹기만 해도 저절로 살이 빠지는 체질로 변하는 식사법. 이에 더해 건강까지 챙길 수 있으니 모쪼록 가벼운 마음으로 도전해 보시길 바랍니다.

사이토 요시미

Q. 편의점 다이어트 식단, 대체 어떤 식단인가요?

A. 한 끼에 '탄수화물' '단백질' '식이섬유소'를 고루 갖춰 섭취함으로써 우리 몸을 '저절로 살 빠지는 체질로 세팅하는' 식사법입니다.

운동 없이!

운동을 하면 아무래도 몸을 움직인 만큼 배가 고파집니다만, 생각만큼 칼로리가 소모되지는 않습니다. 체중이 50킬로그램 정도인 성인이 1시간 걷기 운동을 한다 해도 기껏해야 150칼로리 정도밖에 소모되지 않으니까요. 음식물로 따지자면 밥 한 공기 정도랄까요.

그러나 운동을 했다는 달성감 때문에 무심코 과식을 하기도 합니다. 그도 아니라면 '이따 운동할 거니까 이 정도쯤이야…'라며 식단을 지키지 않고 먹고 싶은 걸 먹고는 결국 운동도 미루는 패턴으로 흘러가거나요. 운동이 나쁘다는 말이 아닙니다. 운동을 하되 어디까지나 몸을 적절히 긴장시키고 활력을 돋우는 목적으로 할 것. 체중이나 체형을 조절하는 건 어디까지나 '먹는 것'으로 할 것. 살을 빼는 데 있어 운동은 그저 '덤'이라는 것 정도만 기억하면 충분합니다.

> 칼로리 계산하지 않고!

식사량을 극도로 제한해 채소만 먹는다 해도 섭취 칼로리를 낮출 수 있을 뿐, 필요한 영양소를 골고루 섭취할 수는 없습니다. 중요한 건 얼마만큼의 칼로리를 섭취했느냐가 아닌, '무엇을 먹었는가' 하는 식사의 내용입니다.

> 조합에 주목!

밥을 먹기가 무섭게 배가 고파지는 분들이 있습니다. 그런 경우, 한 끼 식단의 조합이 잘못돼 있는 경우가 많아요. 밥(백미)이나 빵 같은 탄수화물만 섭취한다든가, 샐러드 같은 채소 종류만 섭취한다든가, 고기나 생선처럼 단백질 종류만 섭취하는 식으로 말이죠. 이렇듯 한쪽으로 영양소가 너무 치우치게 되면 근기가 없게 돼 금방 허기가 지고 맙니다. 이를 해결하는 게 바로 탄수화물과 단백질, 식이섬유소가 고루 포함된 '탄단식' 식단입니다.

▶▶▶ **내 몸을 저절로 살이 빠지는 체질로 세팅하는 식사법. 이 책에 나온 대로 한번 따라 해 보세요!**

편의점 다이어트 식단에는 기분 좋은 효과가 한가득!

    5만 끼 이상의 식단을 조언해 오면서 받은 의외의 피드백들. 탄단식 식사법에는 '체중 감량' 외에도 또 다른 효과가 있었습니다.

- 피부가 좋아졌다.
- 꺼슬꺼슬한 발뒤꿈치가 매끈해져서 여름에 샌들을 벗을 수 있다.
- 어떤 피부과를 가도 낫지 않던 손끝 갈라짐이 사라졌다.
- 변비가 해소됐다.
- 붓기가 빠졌다.
- 체온이 올라갔다.
- 과자를 안 먹고는 못 사는 사람이었는데, 과자를 안 먹고도 평정심을 유지하게 됐다.
- '나라도 할 수 있다'라는 자신감이 생겼다.
- 쉽게 피로해지지 않고, 비타민 주사를 맞지 않아도 그럭저럭 컨디션을 유지 혹은 회복한다.
- 피부가 한 톤 이상 밝아졌다.
- 구내염으로부터 해방됐다.
- 자기 자신을 전보다 훨씬 좋아하게 됐다.

'저절로 살이 빠지는 탄단식 식단'을 따라해 보았다
생생한 (감량) 후기

살을 빼고 싶었으나 좀처럼 살이 빠지지 않던 최근 수년. 내적 갈등만 늘어 갈 뿐이던 차에 이 식사법을 알게 되어 3킬로그램을 감량했습니다. 급격한 감량은 아니었지만 그래도 이게 어디냐며 뿌듯해하고 있어요. 다이어트 한번 잘못하면 피부가 탄력을 잃어서 외려 노화가 온 것처럼 보이기도 하는데, 이 방법을 따라 하니 피부도 좋아지고 (기분 탓인지?!) 모공도 줄어든 것 같아요. 주위에서도 여러 번 피부 좋아졌다고, 뭐 했냐고 물어보고요. 앞으로도 쭉 영양 밸런스를 고려한 식사로 조금씩, 그러나 확실하게 체중을 감량해 가려고 해요.

· 40대 주부

오랜만에 가루이자와에 있는 옷 가게에 갔더니 글쎄 점원분께 XS 사이즈 카디건을 추천받은 거 있죠. 살이 빠지니까 옷맵시도 살아서 예전이라면 생각도 못 할 이런저런 스타일을 시도해 보고 싶어지더라고요.

· 40대 주부

맛있는 음식도, 술 마시는 것도 너무 좋아하지만, 두 달 만에 4킬로그램이 쑥 빠졌어요. 회식이나 모임 같은 데 다녀오면 그다음 날은 반드시 단식하는 나날을 보내왔건만 전혀 살이 빠지지 않았었는데 말이죠. 그러다 아침 식사 내용(물)을 점검해 교정해 보았더니 ==8년 동안 꼼짝도 않던 몸무게가 쭉쭉 줄어들기 시작해== 말쑥한 체형이 되었어요.

• 50대 주부

다이어트할 때는 풀이나 이파리 같은 채소만 먹어야 한다고 완전히 잘못 알고 있었어요. 감자 같은 구황작물이나 뿌리채소 같은 건 살찌는 식재료라고 생각해 거의 입에도 대지 않았거든요. 물론 그렇다고 살이 빠지지도 않았죠. 그런데 지금은 뭐든 다 먹어요!

• 50대 주부

이 식사법에 따라 끼니를 챙겨 먹기 시작한 이래로 일단 피부가 좋아졌어요. 입고 벗기 불편했던 바지를 편히 입게 됐고요. 친구들도 다들 "살 빠졌어?" 하고 물어보고요.

• 40대 주부

==예전엔 야금야금 체중이 늘어 고민이었는데, 지금은 점점 살이 빠져 행복해요.== 이대로 가다간 몸무게가 사라지는 거 아냐? (그럴 리가요. 농담입니다.) 싶기도 하지만, 아무튼 간에 5킬로그램이 빠지니 얼굴도 갸름해지고 ==거울 볼 때마다 한숨이 아니라 웃음이 나오네요.==

• 40대 주부

탄단식 식사법을 따라한 이래로 오락가락하기는 했어도 대체로 꾸준히 체중이 줄고 있어요. 70킬로그램까지 나갔던 몸무게가 지금은 64킬로그램. 특히나 뱃살이 심한 타입의 비만이었던지라 발톱을 자르기가 힘들었는데, 드디어 혼자서도 발톱을 자를 수 있게 되었어요. 신기한 게 이전엔 발톱이 잘 부러지기도 했고, 늘 하얀 가루 같은 자국이 떠 있어서 보기가 싫었는데, 최근 3개월 동안은 태어나서 처음으로 제대로 피부색인 발톱을 보았어요.

· 40대 주부

체중은 63.4킬로그램에서 57.4킬로그램으로 6킬로그램 감소, 체지방률은 29.5%에서 25.5%로 4% 줄어들었습니다. 생각해 보니 올겨울, 한 번도 감기에 걸리지 않은 건 기분 탓일까요?

· 40대 주부

무려 5킬로그램을 감량했습니다. 이쯤 되니 아무래도 피부에 파운데이션 먹는 게 달라요. 허리둘레도 3센티미터 정도가 줄어서 이제 L 사이즈 하의는 헐렁해서 못 입겠어요.

· 40대 주부

감수의 말

　예로부터 '살찌기는 쉽지만 뺄 때는 고통뿐이다'라는 말이 있듯, 다이어트란 좀처럼 쉽지 않은 법입니다. 특히 흔히들 '식단'이라 부르는 열량 섭취를 제한하는 종류의 다이어트는 인내와 끈기가 필수적이며 장기간 지속해 나가는 것 자체가 쉽지 않습니다.
　또 열량을 극단적으로 제한하게 되면 식사를 통해 섭취할 수 있는 영양소 역시 덩달아 줄어듭니다. 근육량이 줄고 기초대사량이 낮아져 이른바 '살찌기 쉬운 체질'이 되고 말지요.

　이럴 때야말로 『편의점 다이어트 식단』이 나설 차례입니다. 맛있는 음식 앞에서 입맛만 다시며 참거나, 무리한 식사 제한을 할 필요가 없는 다이어트.
　이 책의 저자는 말합니다. 탄수화물, 단백질, 식이섬유소 이 세 가지 영양소를 의식하며 식료품(또는 식재료)을 고르기만 하면 된다고요.
　편의점에서 판매되는 상품에는 반드시 영양 정보가 표시돼 있습니다. 어떤 성분이 얼마만큼 포함돼 있는지 눈으로 바로 확인할 수 있지요. 그렇다고 탄수화물, 단백질, 식이섬유소가 얼마만큼 들었는지 하나하나 따지며 상품을 고를 필요는 없습니다. 중요한 건 영양성분의

==함유량이나 열량의 계산보다 세 가지 성분을 한 끼 식사에 반드시 포함시키겠노라== '의식하는' 자세입니다.

바로 이 자세가 모든 변화의 시작입니다. 그리고 저는 이 자세를 통해 여러분이 편의점에서 상품을 고를 때 즐거움을 느낄 수 있으리라 믿습니다.

부디 이 책을 따라 참지 않고, 무리하지 않는 '편의점 다이어트 식단'을 실천에 옮겨 보시길 바랍니다.

하마 히로노부(도쿄지케이카이의과대학 부속병원 영양학과 과장)

차례

시작하며 하루 세 끼, 제대로 먹어서 날씬해지고, 건강해지자! · 4
편의점 다이어트 식단, 대체 어떤 식단인가요? · 6
편의점 다이어트 식단에는 기분 좋은 효과가 한가득! · 8
생생한 (감량) 후기 · 9
감수의 말 · 12

스텝 0. 단지 '탄수화물×단백질×식이섬유소'를 고르기만 할 뿐!

▶ 룰 ❶ '탄수화물·단백질·식이섬유소' 세 가지 성분을 모두 갖출 것 · 20
▶ 룰 ❷ '식이섬유소→단백질→탄수화물' 순으로 먹을 것 · 22
▶ 룰 ❸ 아침·점심·저녁, 세 끼에 세 가지 성분을 매번, 모두 포함시킬 것 · 24

스텝 1. 체온이 올라가는 편의점 다이어트 식단, 아침 메뉴 조합 편

▶ 아침 메뉴 고르는 팁 ❶ 아침 식사를 하고 체온을 높이자! · 28
▶ 아침 메뉴 고르는 팁 ❷ 과일류를 한 가지 포함시킬 것 · 30
▶ 아침 메뉴 고르는 팁 ❸ 요거트도 ok! · 32
▶ 살 빠지는 편의점 아침 메뉴 조합 ❶ · 34
▶ 살 빠지는 편의점 아침 메뉴 조합 ❷ · 36

- 살 빠지는 편의점 아침 메뉴 조합 ❸ · 38
- 살 빠지는 편의점 아침 메뉴 조합 ❹ · 40
- 살 빠지는 편의점 아침 메뉴 조합 ❺ · 42
- 살 빠지는 편의점 아침 메뉴 조합 ❻ · 44
- 살 빠지는 편의점 아침 메뉴 조합 ❼ · 46
- 살 빠지는 편의점 아침 메뉴 조합 일람표 · 48

스텝 2. 근기 있고 든든한 편의점 다이어트 식단, 점심 메뉴 조합 편

- **점심 메뉴 고르는 팁 ❶** 점심은 탄수화물양이 조금 많아도 ok! · 52
- **점심 메뉴 고르는 팁 ❷** 달달한 디저트류, 튀김류를 먹고 싶다면 점심에! · 54
- 살 빠지는 편의점 점심 메뉴 조합 ❶ · 56
- 살 빠지는 편의점 점심 메뉴 조합 ❷ · 58
- 살 빠지는 편의점 점심 메뉴 조합 ❸ · 60
- 살 빠지는 편의점 점심 메뉴 조합 ❹ · 62
- 살 빠지는 편의점 점심 메뉴 조합 ❺ · 64
- 살 빠지는 편의점 점심 메뉴 조합 ❻ · 66
- 살 빠지는 편의점 점심 메뉴 조합 ❼ · 68
- 살 빠지는 편의점 점심 메뉴 조합 일람표 · 70

스텝 3. 속이 편한 편의점 다이어트 식단, 저녁 메뉴 조합 편

- ▶ 저녁 메뉴 고르는 팁 ❶ 저녁에는 탄수화물 섭취량을 줄일 것! · 74
- ▶ 저녁 메뉴 고르는 팁 ❷ 저녁에는 소화가 잘되는 음식을 고를 것! · 76
- ▶ 살 빠지는 편의점 저녁 메뉴 조합 ❶ · 78
- ▶ 살 빠지는 편의점 저녁 메뉴 조합 ❷ · 80
- ▶ 살 빠지는 편의점 저녁 메뉴 조합 ❸ · 82
- ▶ 살 빠지는 편의점 저녁 메뉴 조합 ❹ · 84
- ▶ 살 빠지는 편의점 저녁 메뉴 조합 ❺ · 86
- ▶ 살 빠지는 편의점 저녁 메뉴 조합 ❻ · 88
- ▶ 살 빠지는 편의점 저녁 메뉴 조합 ❼ · 90
- ▶ 살 빠지는 편의점 저녁 메뉴 조합 일람표 · 92

스텝 4. 편의점 다이어트 식단을 지속하기 위한 팁

- ▶ 팁 ❶ 포만감이 부족할 땐 따뜻한 국물류를 추가해 볼 것 · 96
- ▶ 팁 ❷ 채소를 못 먹는 경우엔 채소주스로 · 98
- ▶ 팁 ❸ 군것질을 하고 싶을 땐, 따뜻한 음료를 마실 것 · 100
- ▶ 팁 ❹ 습관적으로 군것질을 하고 있다면, 15분 정도 주의를 환기할 다른 습관을 만들어 볼 것 · 101
- ▶ 팁 ❺ 도저히 군것질을 참을 수 없을 땐, '이걸' 먹자 · 102
- ▶ 팁 ❻ 군것질을 할 땐 '의식하며' 먹는다 · 104
- ▶ 팁 ❼ 살 빠지는 편의점 메뉴 조합에 디저트를 포함시키는 비법 · 106
- ▶ 팁 ❽ 아이스크림이 먹고 싶어질 땐, 얼린 요거트를 먹을 것 · 108
- ▶ 팁 ❾ 편의점에서는 디카페인 음료를 고를 것 · 110

- ▶ 팁 ⑩ 편의점에서 이것만은 사지 마세요! · 111
- ▶ 팁 ⑪ 무슨 일이 있어도 공복만큼은 피할 것 · 112
- ▶ 팁 ⑫ 체중은 신경 쓰지 말 것 · 113
- ▶ 팁 ⑬ 무엇을 뺄지가 아닌, 무엇을 어떻게 조합할지를 고민할 것 · 114

스텝 5. 편의점 다이어트 식단의 완성

- ▶ 편의점 다이어트 식단 하이라이트 ❶ '양'보다는 '조합'을 신경 쓸 것 · 118
- ▶ 편의점 다이어트 식단 하이라이트 ❷ 적정량의 탄수화물 섭취로 과식을 미연에 방지하자 · 120
- ▶ 편의점 다이어트 식단 하이라이트 ❸ 단백질 섭취로 근육량과 기초대사량을 높이자 · 122
- ▶ 편의점 다이어트 식단 하이라이트 ❹ 식이섬유소로 장내 환경을 정돈하자 · 124
- ▶ 편의점 다이어트 식단 하이라이트 ❺ 살 빠지기 쉬운 체질은 탄·단·식의 삼위일체가 조화를 이루어야 한다 · 126
- ▶ 편의점 다이어트 식단 하이라이트 ❻ 질릴 틈 없이 재밌어야 지속할 수 있다 · 127

마치며 과체중인 내가 '영양실조' 판정을 받고, 먹고 싶은 걸 먹으면서 날씬해진 방법 · 128

부록 편의점 다이어트 식단 응용 편 · 132

스텝 0.

단지
'탄수화물 × 단백질 × 식이섬유소'를
고르기만 할 뿐!

룰 1

'탄수화물·단백질·식이섬유소' 세 가지 성분을 모두 갖출 것

아침으로 커피 한 잔, 점심으로는 주먹밥 한 개, 저녁이 되어서야 전반적으로 균형 잡힌 한 끼의 식사를 하는 분이 계신가요? 그런데 <mark>세 끼 중 한 끼만 잘 챙겨 먹어 봤자, 우리 몸이 한 번에 흡수할 수 있는 영양분에는 한계가 있습니다. 영양분이란 '먹어서 저장'할 수 있는 게 아니니까요.</mark> 매끼 영양 밸런스를 신경 쓰며 먹어야 하는 까닭이 바로 이 때문입니다.

그러나 솔직히 말해 모든 면에서 균형 잡힌 식단을 매끼 챙겨 먹기란 굉장히 귀찮은 일이기도 합니다. 그러니 '탄수화물' '단백질' '식이섬유소' 이 세 가지 영양소만이라도 의식적으로 신경 쓰며 식단에 포함시켜 주세요.

다이어트를 시작하고 나서 의외로 다들 "편의점에서 뭘 사야 할지 모르겠어요"라는 이야기들을 합니다. 대개는 고민 끝에 열량이 가장 낮게 표시된 상품을 집어 들지요. 영양 밸런스는 고려하지 않은 채 말입니다. 그런데 너무 아깝지 않나요? 현대인과 편의점은 떼려야 뗄 수 없는 관계인 데다, 다이어트를 한다고 해서 편의점을 아예 안 갈 수도 없는 노릇이니까요. 그런 까닭으로 이 책에서는 <mark>매 끼니 다이어트 도시락을 준비하기 어려운 현대인들을 위해 편의점 상품으로도 구성할 수 있는 살 빠지는 탄단식 식단을 소개합니다.</mark> 이제 편의점에서도 다이어트, 놓치지 마세요!

'살 빠지는 탄단식 식단'이란?

한 가지 상품에 포함되는 영양소는 여러 가지일 수 있지만, 기본적으로 아래와 같이 주요하게 포함하고 있는 영양소를 기준으로 식품군을 표기합니다.

❶ 탄수화물
밥, 빵, 면, 오트밀, 떡 등 '주식류'로 분류되는 것들.

❷ 단백질
고기나 생선 같은 동물성단백질, 콩이나 두부 같은 식물성단백질, 우유나 요거트, 치즈 등의 유제품.

❸ 식이섬유소
채소, 해조류, (때때로) 과일류.

룰 2
'식이섬유소→단백질→탄수화물' 순으로 먹을 것

이 책에서 소개하는 살 빠지는 탄단식 식단에 맞춰 편의점 상품을 고르는 것 이외에 또 하나 주의해야 할 사항이 있습니다. 바로 먹는 '순서'인데요, 단지 먹는 것뿐만 아니라 세 가지 상품을 골라서 식이섬유소→단백질→탄수화물 순으로 섭취하는 게 중요합니다. 식이섬유소, 즉 채소를 먼저 섭취함으로써 위 내부에 '채소 그물'을 펼친다는 이미지를 떠올려 보세요. 물론 이미지뿐만 아니라 실제로도 포만감을 더 느끼게 되어 식사 후 불필요한 군것질 등이 줄어들게 됩니다.

이 식사 순서는 혈당이 급격하게 오르는 '혈당 스파이크' 또한 막아 줍니다. 식사 후 혈당이 급격하게 치솟을 경우, 우리의 몸은 체내에 지방이 더 잘 축적되는 체질로 바뀌게 됩니다. 인슐린 작동 체계가 불안정해져 우리 몸의 세포가 포도당을 제대로 사용하지 못하게 되고, 결과적으로 계속해서 허기가 지고 단 음식을 찾게 되는 등 식욕을 조절하기 어려워지지요. 당연히 필요 이상으로 더 많은 양의 열량을 섭취하게 되겠죠. 식이섬유소의 섭취는 이런 식의 부정적인 연쇄를 막아 주는 역할을 합니다.

식사 순서 기본 원칙

맨 처음   ❸ **식이섬유소**

두 번째   ❷ **단백질**

마지막   ❶ **탄수화물**

식이섬유소가 주로 함유된 식품을 다 먹은 뒤 단백질, 탄수화물 식품을 먹기 시작… 같은 '집중 공략' 전략도 좋고, 식이섬유소나 단백질이 주로 포함된 식품을 섭취한 뒤 탄수화물을 먹기 시작해도 좋습니다. 그런 뒤라면 탄수화물, 단백질, 식이섬유소 식품을 (순서 상관없이) 돌아가면서 섭취해도 무방합니다.

절대로 해서는 안 돼요! → ① 탄수화물을 가장 먼저 섭취

룰 3

아침·점심·저녁, 세 끼에 세 가지 성분을 매번, 모두 포함시킬 것

혹시 '매 끼니 탄수화물·단백질·식이섬유소를 골고루 갖춰 먹는다는 거, 당연한 거 아냐?'라고 생각하는 분이 계실지 모르겠습니다. 특별한 노력을 들이지 않아도, 그저 끼니를 먹는 것만으로도 이 세 가지 성분을 섭취할 수 있다고 말이죠. 하지만 그렇지 않습니다. 대개는 '어제 과식을 해 버렸으니 오늘은 탄수화물 빼고 채소수프만 먹어야겠어' 식으로 넘어가 버리고 마니까요(이 또한 언뜻 보면 건강식으로 보이겠지만 결코 그렇지 않습니다).

지금부터 살펴볼 〈스텝 1. 체온이 올라가는 편의점 다이어트 식단, 아침 메뉴 조합 편〉에서는 아침·점심·저녁으로 추천하는 살 빠지는 편의점 메뉴 조합을 각각 일곱 개씩 소개합니다. '다이어트할 때 대체 편의점에서 뭘 사면 좋지?' 싶은 바쁜 현대인들을 위해 다양한 조합 예시를 소개할 예정이지만, 반드시 편의점 메뉴에 국한된 이야기만 하지는 않습니다. 살 빠지는 탄단식 식단의 원리를 이해하고 집에서 요리할 때, 외식할 때 등 나만의 라이프 스타일에도 적극적으로 적용해 보세요.

내가 가장 먼저!

나는 그 다음에!

매 끼니 저희 셋 다 섭취해 주세요!

저는 맨 마지막으로 부탁해요!

스텝 1.

체온이 올라가는
편의점 다이어트 식단,
아침 메뉴 조합 편

아침 메뉴 고르는 팁 1
아침 식사를 하고 체온을 높이자!

저녁부터 아침에 걸쳐 우리의 위장은 아무것도 없는 공복 상태가 됩니다. 또한 하루 중 가장 체온이 낮은 시간이 바로 이 아침 시간이기도 하지요.

'아침 식사를 건너뛰면 열량 섭취를 줄일 수 있는 것 아닌가?'라고 생각할 수 있지만, ==아침을 먹음으로써 체온이 올라가게 되면 이는 우리 몸이 그날 소비할 수 있는 칼로리의 양을 높이는 결과로 이어집니다.== 다시 말해 아침을 거르기보다는 잘 챙겨 먹는 게 체중 감량에는 효과적이라는 것입니다.

아침을 챙겨 먹고 체온을 올려 놓으면 자연히 혈액순환도 더 잘되고 신진대사가 활발해집니다. 위장에 음식물이 들어가면 장운동이 활발해져 변비에도 좋고요.

또한 아침 식사는 뇌를 포함한 신체 곳곳에 '이제부터 하루가 시작될 것'이라는 신호를 보내는 아주 중요한 역할을 맡습니다. 아침 식사를 통해 뇌를 각성시킨다면 집중력 향상에도 도움을 받을 수 있습니다.

체온을 높이는 식사 팁

❶ 국물류나 수프를 먹는다

아침 메뉴로는 따뜻한 음식을 섭취해 주세요. 국물류나 수프, 따뜻한 우유, 소화가 편한 죽도 좋습니다.

❷ 향신료를 적극 활용한다

향신료에도 체온을 높이는 효능이 있어요. 시나몬 가루는 커피에 타 마시거나 바나나 등에 뿌려 먹어도 좋고, 샐러드에 후추를 뿌리는 것만으로도 손쉽게 향신료를 활용할 수 있어요.

❸ 파, 양파, 부추를 곁들인다

파, 양파, 부추 같은 채소에도 체온을 높이는 효능이 있어요. 국물류에 추가해 섭취하면 좋습니다.

아침 메뉴 고르는 팁 2

과일류를 한 가지 포함시킬 것

아침 식사용으로 소화가 잘되는 과일을 식단에 포함시키는 것도 좋습니다. 과일류는 20분에서 40분 정도면 위장에서 소장으로 (그리고 대장으로) 이동합니다. 그런 까닭으로 변비 증상이 있는 분들 중에서는 "첫 끼니 전에 과일을 먹고 그로부터 30분 후에 본격적으로 식사를 했더니 증상이 많이 좋아졌다" 하는 경우도 종종 있습니다.

과일은 스무디 등으로 갈아서 섭취하는 것보다 생으로 그냥 먹는 편이 영양학적으로는 훨씬 좋습니다. 소화효소를 포함한 타액은 음식물을 꼭꼭 씹는 과정에서 더 잘 분비되고, 이는 영양분이 우리 몸에 더 많이 흡수되도록 도와주며 소화 및 배출 활동 또한 용이하게 합니다. 스무디나 주스로 갈아 마신다면 아무래도 타액의 분비나 포만감은 덜하게 되겠지요.

요즘은 편의점에서도 사과, 파인애플, 포도 등 대중적인 과일들을 1인용으로 소분해서 팔고 있습니다. 편리하게도 말이지요. 더운 여름날엔 아이스크림 대신 마트 등에서 쉽게 찾아볼 수 있는 냉동 과일도 간식 대용으로 추천합니다.

아침 식사용으로 추천하는 과일

달달한 디저트, 시원한 아이스크림 등 군것질이 하고 싶을 때 과일은 최고의 대용품이 될 수 있습니다. 과일은 차게 했을 때 단맛이 더 도는 과일, 상온에 있을 때 단맛이 더 도는 과일처럼 크게 두 종류로 나뉘는데요, 각 특성에 맞게 섭취하면 좋습니다.

이를테면 바나나는 상온에서 올리고당이 더 많이 나와 당도가 올라갑니다(또 아침에 먹는 바나나는 변비에도 좋지요). 파인애플과 사과 역시 상온에서 당도가 더 높습니다. 반대로 키위는 차게 해서 먹어야 단맛을 더 느낄 수 있어요.

이처럼 편의점에서 구할 수 있는 과일 중 사과, 바나나, 파인애플, 키위 등은 특히 식이섬유소도 많이 함유돼 있어서 아침 식사용으로 추천합니다.

아침 메뉴 고르는 팁 3
요거트도 ok!

앞서 아침 식사는 '이제부터 위장을 사용할 테니 준비해!' 하고 신호를 보내는 중요한 끼니라고 했던 것, 기억하시죠? 요거트는 정장整腸 작용(장을 깨끗하게 해 그 기능을 바로잡는 작용-옮긴이)에 도움을 주는 식품이므로 아침에 섭취하면 좋습니다. 요거트를 고를 때는 '단백질 함유량이 얼마나 되는지'를 잘 살펴봐야 합니다. 단백질 함유량이 높으면 높을수록 다이어트에 도움을 받을 수 있으니까요.

또 가능한 한 단맛이 강한 잼이나 토핑 등이 첨가되지 않은 제품이 좋습니다. 단, 끼니라기보다는 간식 대용으로 먹는 경우라면 다소 달달한 요거트도 괜찮습니다. 이런 식으로라도 군것질하는 빈도를 줄인다면 '살이 빠지기 쉬운' 체질로 변해 갈 거예요. 단맛을 스스로 조절할 수 있는 상품을 골라 그때그때 상황과 기분에 맞춰 섭취하는 게 무엇보다 중요합니다.

마지막으로 한 가지 팁을 더 소개해 보자면, 처음부터 무조건 '저당' '무가당' '제로 칼로리' 제품을 고를 게 아니라, 감미료가 좀 포함되더라도 벌꿀이나 메이플시럽 등 미네랄 성분이 포함된 제품을 고르는 것도 한 가지 방법이 될 수 있습니다.

수제 요거트로 다이어트 효과를 극대화!

재료
- 무가당 요거트
- 레몬즙
- 벌꿀(혹은 메이플시럽)

요거트에 레몬즙을 뿌려 먹거나, 비타민C가 풍부한 과일을 추가하면 체내 칼슘 흡수율까지 높일 수 있어요. 시판 요거트(음료)는 당분이 높기 때문에 체중을 보다 철저하게 관리하고 싶다면 직접 만들어 먹는 게 좋아요. 만드는 방법은 간단합니다. 무가당 요거트에 레몬즙과 미네랄 성분이 포함된 벌꿀(혹은 메이플시럽)을 취향껏 넣고 섞어 주세요. 가루 설탕은 절대 금물입니다.

살 빠지는 편의점 아침 메뉴 조합 1

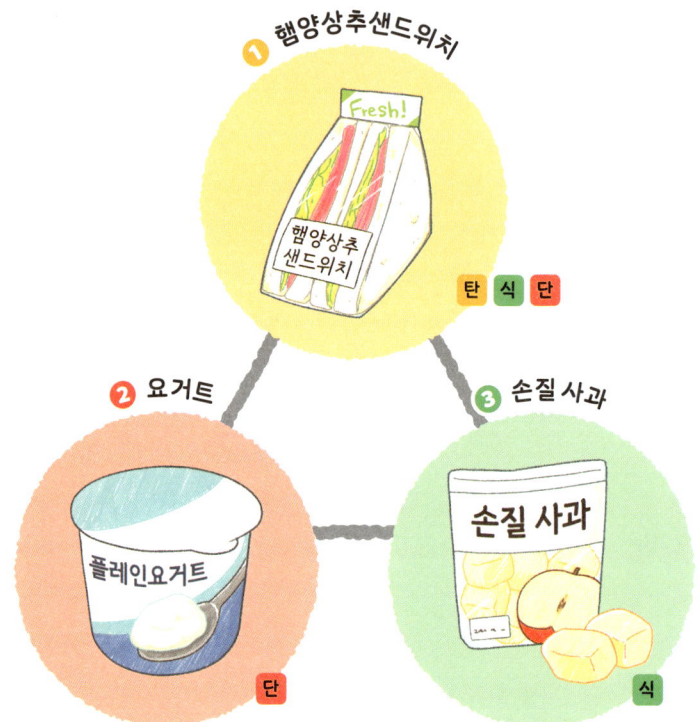

샌드위치는 탄수화물, 단백질, 식이섬유소 세 영양소가 모두 포함된 이상적인 다이어트 음식입니다. 다만 햄양상추샌드위치만으로는 단백질과 식이섬유소 섭취량이 조금 부족할까 싶어 요거트와 손질 사과를 메뉴에 추가해 넣었어요.

뱃속을 편안하게 만드는 데는 요거트와 과일 조합만 한 게 없습니다. 기껏 몸에 좋은 음식을 먹었는데 장내 환경이 엉망이라면 말짱 도루묵이겠죠. 우리 몸을 살 빠지는 체질로 만들려면 기초대사량을 높여야 합니다. 그러려면 체내에 영양소가 골고루 공급돼야만 하고요.

✯✯✯ 추천 포인트 ✯✯✯

❶ 햄양상추샌드위치

가공 햄에는 돼지고기와 마찬가지로 단백질이나 비타민B1 성분이 포함돼 있습니다. 이는 당질대사(체내에서 탄수화물이 합성되고 또 산화 및 분해되는 과정을 통틀어 이르는 말 – 옮긴이)에 필수적인 영양소로, 탄수화물과 함께 섭취함으로써 에너지원이 되지요. 고기류를 연달아 먹었다면 참치나 연어 샌드위치로 메뉴를 바꾸는 것도 좋아요.

❷ 요거트

단백질에 더해 유산균이 다량 함유되어 있어 정장 작용에도 좋은 요거트. 체지방이 염려된다면 무가당, 혹은 무지방 타입의 상품을 골라 보세요.
나와 잘 맞는 요거트를 찾으려면 최소 1~2주 정도 같은 상품을 섭취하며 몸의 컨디션을 확인해야 합니다. 그럼에도 별 효과를 느끼지 못한 경우 다른 제품으로 바꿔 섭취해 보세요.

❸ 손질 사과

씹는 맛이 있는 사과. 포만감이 높은 과일이라 과식을 방지하는 데 좋습니다. 씹는 과정에서 타액이 활발하게 분비돼 소화도 잘되고요.
대체재로는 샐러드류를 추천합니다. 씹는 맛이 있는 내용물이 포함된다면 더 좋아요.

이렇게 바꿔도 OK!

❶ 참치샌드위치

❷ 요거트 음료

※ 당분이 많이 포함된 제품은 되도록 피해 주세요.

❸ 샐러드

살 빠지는 편의점 아침 메뉴 조합 2

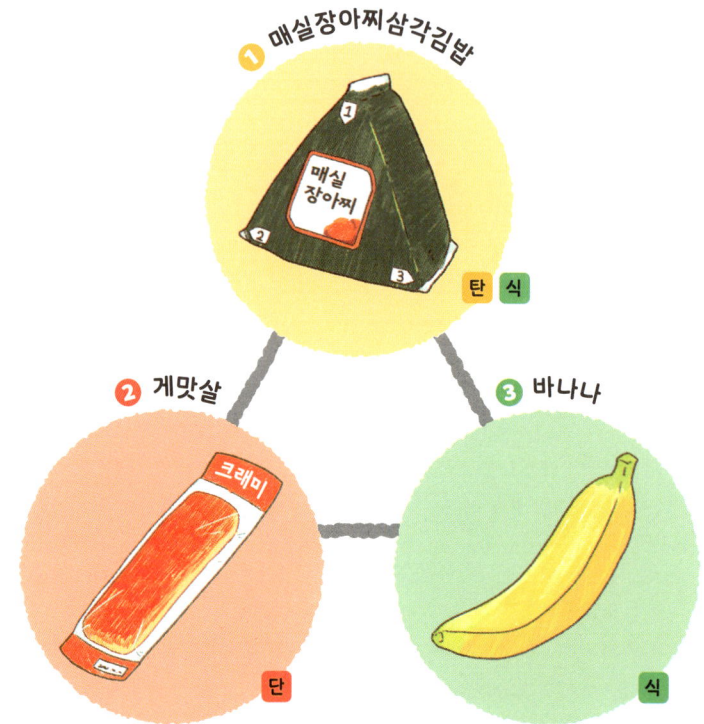

　다이어트 시 밥과 김의 조합은 언제나 옳습니다. 김에는 미네랄, 식이섬유소가 풍부하기 때문이지요. 게맛살의 경우 어육을 다져 만든 것이므로 평소 생선류를 자주 섭취하지 못하는 분들께 추천합니다. 다만 염분이 높은 편이므로 한꺼번에 너무 많은 양을 섭취하지는 않도록 주의해 주세요. 삼각김밥과 게맛살의 조합이 포만감 면에서는 아쉬울 수 있습니다. 그렇다면 여기에 바나나를 추가해 주세요. 포만감은 물론 식이섬유소와 비타민도 챙길 수 있어 '일석삼조'랍니다.

✦✦✦ 추천 포인트 ✦✦✦

① 매실장아찌삼각김밥

매실장아찌는 혈당이 급격하게 치솟는 '혈당 스파이크' 억제 효과가 있기 때문에 다이어트에 도움이 됩니다. 피로 회복에 좋은 구연산 성분과 특유의 신맛은 식사 후 디저트를 향한 욕구 또한 누그러뜨려 주지요. 평소 단백질 섭취가 부족하다 싶은 분들은 연어주먹밥으로 메뉴를 바꿔도 좋습니다.

※ 한국 편의점에서 대체재를 찾을 경우 샐러드김밥류 혹은 우엉 등이 많이 들어간 제품으로 대체하면 좋아요!

② 게맛살(크래미)

아침부터 고기나 생선, 혹은 기름진 단백질원을 먹기는 부담스러운 분들께 추천하는 게맛살. 기름진 속세의 맛을 좋아해 평소 튀김류의 섭취가 잦은 분들은 이처럼 지방 함유량이 낮은 단백질원을 섭취하면 좋습니다.

③ 바나나

식이섬유소가 풍부하고 속이 편안할 뿐만 아니라 식후 콜레스테롤의 흡수를 억제해 주는 바나나. 그뿐만이 아닙니다. 비타민B군 성분이 풍부해 당질대사를 돕고 운동 전후로 탄수화물과 함께 섭취할 경우 빠르게 에너지원으로 전환됩니다.

이렇게 바꿔도 OK!

① 연어삼각김밥

② 어묵

③ 손질 파인애플

살 빠지는 편의점 아침 메뉴 조합 3

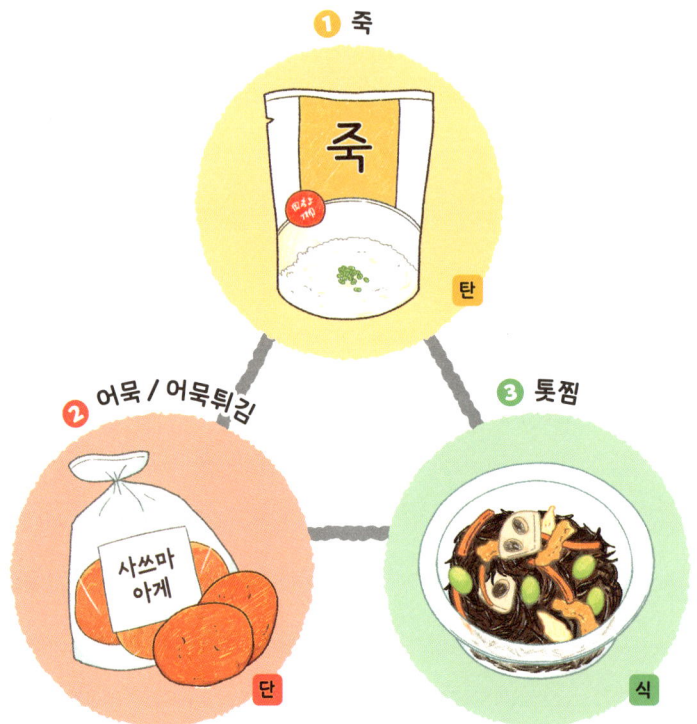

아침으로 따뜻한 음식을 선호하는 분들께 추천드리는 조합입니다. 기상 시에는 대개 체온이 내려가 있으므로 따뜻하고 부드러운 음식으로 체온을 높이고 혈액순환을 원활하게 해 주는 것이 좋습니다.

해조류나 어묵과 같은 다진 어육은 위에 부담이 덜하고 에너지원으로의 흡수도 빨라 신체의 대사율을 높여 줍니다. 또한 톳과 같은 해조류를 단백질원과 함께 섭취할 경우, 철분처럼 평소 음식물을 통해 섭취하기 어려운 성분을 효율적으로 흡수할 수 있습니다.

✿✿✿ 추천 포인트 ✿✿✿

① 죽

일반적인 쌀밥 대비 적은 양의 쌀로도 포만감이 높은 죽. 일반식보다는 아무래도 기름기가 적고 조미료도 적게 들어간 편이라 칼로리 역시 낮지요. 게다가 이렇게 따끈한 음식은 급하게 먹기보다는 천천히 시간을 들여 섭취할 수밖에 없으므로 혈당이 급격하게 올라가는 것도 방지할 수 있어요.

② 어묵튀김

다진 어육은 양질의 단백질원으로, 칼슘 성분도 포함하고 있습니다. 이를 튀긴 어묵튀김은 끈기가 있고, 감칠맛도 있는 편이라 식사 후 포만감이 높습니다.

다만 더 엄격한 식단을 계획하고 있다면 같은 다진 어육이라도 기름에 튀기지 않은 '한펜'을 추천합니다. 부드러운 식재료인 한펜은 어린아이나 이가 안 좋은 사람도 편하게 섭취할 수 있습니다. 담백한 나머지 아무래도 아쉬움이 남는다면 국물이나 수프류를 추가하면 좋습니다.

③ 톳찜

식이섬유소가 풍부하고 장내 청소를 해 줄 뿐만 아니라 노폐물 배출까지 도와주는 톳. 또한 장내 유익균의 좋은 먹이가 됨으로써 그 수를 늘리는 데도 도움을 줍니다.

이렇게 바꿔도 OK!

① 컵누들수프

※ 염분이 높은 편이므로 국물은 적당량만 섭취하세요.
※※ 한국 편의점에서 대체재를 찾을 경우, 컵누들류 제품으로 대체하면 좋아요!

② 한펜

③ 해조류샐러드

살 빠지는 편의점 아침 메뉴 조합 4

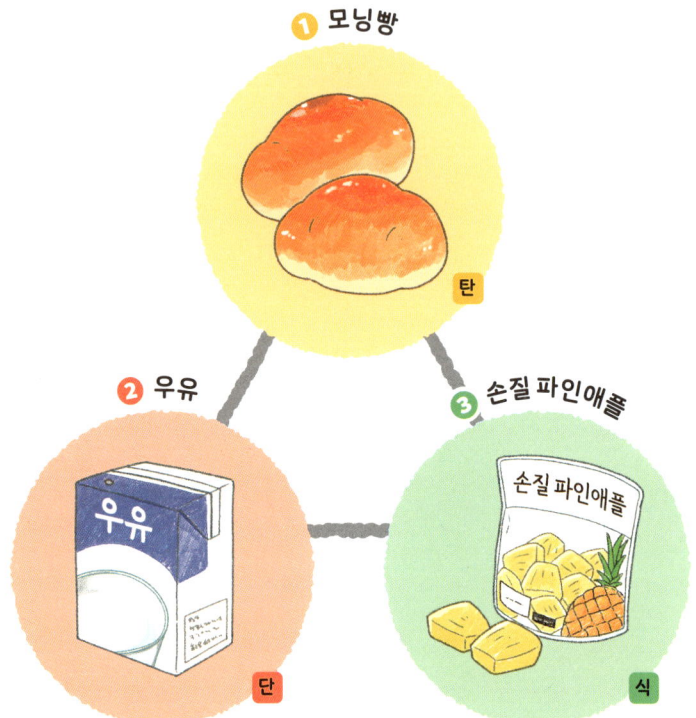

근기가 부족하다고 느껴지는 빵도 어떤 조합으로 먹느냐에 따라 달라질 수 있습니다.

우유를 따뜻하게 데워 마시면 단맛과 포만감을 더 느낄 수 있고, 체온을 높일 수 있어 신진대사가 활발해집니다. 그뿐만이 아닙니다. 우유와 함께 비타민C가 다량 함유된 과일을 섭취하면 칼슘의 체내 흡수율까지 높일 수 있습니다.

식이섬유소가 부족한 듯 느껴진다면 채소스틱 등을 추가하면 좋습니다.

✦✦✦ 추천 포인트 ✦✦✦

❶ 모닝빵

빵류 중에서도 소화가 잘되는 편이라 위가 약하지만 빵을 포기할 수 없는 분들께 추천합니다. 부드러운 음식일수록 꼭꼭 씹어 먹는 것, 잊지 마시고요.

아무래도 식감이 아쉽게 느껴진다면 바게트로 대체해도 좋습니다. 다만 바게트의 경우 GI Glycemic Index(식후 혈당치 상승률, 흔히들 '혈당지수'라고 부른다-옮긴이) 수치가 높은 편이므로 단백질과 식이섬유소의 조합을 잘 짜서 섭취하는 게 중요합니다.

❷ 우유

우유에 든 칼슘이나 비타민B군은 체내에 지방이 축적되는 것을 막아 주는 역할을 합니다. 유당불내증처럼 우유를 마시면 속이 불편하고 설사를 하게 되는 분들은 두유로 대체해도 좋습니다. 설탕이나 소금, 유화제 등을 쓰지 않은 무가당 두유를 추천합니다.

❸ 손질 파인애플

새콤달콤한 맛이 매력적인 파인애플. 당도에 비해 의외로 칼로리는 높지 않은 편입니다. 효소나 식이섬유소도 다량 함유되어 있어 변비에도 효과적이지요. 디저트나 군것질 등을 끊기가 힘든 경우, ==과일처럼 자연 성분에서 유래한 먹거리로 미각을 정돈하고 덜 자극적인 맛에 미각을 적응시켜 가는 게== 다이어트 성공의 지름길입니다.

이렇게 바꿔도 OK!

❶ 바게트

❷ 무가당 두유

※ 당분이 많이 포함된 제품은 되도록 피해 주세요.

❸ 냉동 블루베리

살 빠지는 편의점 아침 메뉴 조합 5

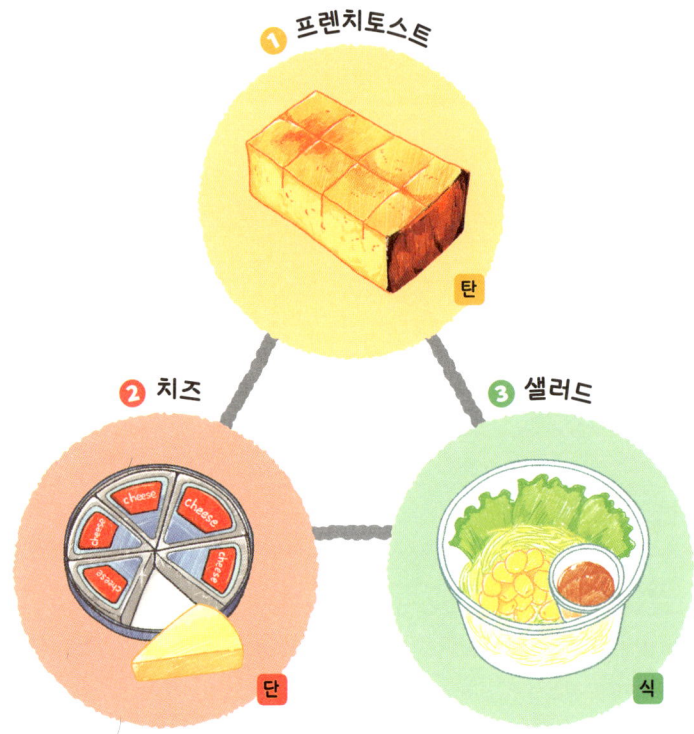

① 프렌치토스트 — 탄
② 치즈 — 단
③ 샐러드 — 식

　프렌치토스트에는 계란과 우유가 사용되기 때문에 메뉴 하나로 탄수화물과 단백질 두 가지 영양소를 섭취할 수 있습니다. 단, 굽는 과정에서 사용되는 버터로 인해 지방 성분 또한 다량으로 섭취할 수 있다는 게 함정. 그날의 점심과 저녁 식단에는 기름기 있는 식품은 피해주세요.

　샐러드드레싱도 마찬가지로 담백한 종류의 것이 좋습니다. 아무래도 프렌치토스트는 부드러운 나머지 식감 면에서 아쉬울 수 있기 때문에 아삭거리는 샐러드와 조합해 먹으면 식사 만족감을 높일 수 있어요.

✯✯✯ 추천 포인트 ✯✯✯

❶ 프렌치토스트

디저트류를 도저히 끊기 어려운 분들은 프렌치토스트로 디저트를 대체해 보세요. 단, 빠른 시간 안에 급격하게 체중 감량을 하고 싶은 경우라면 시럽 등은 자제하는 편이 좋습니다.

❷ 치즈

아침부터 고기나 생선류를 먹기는 부담스러운 분들, 아침에는 도저히 식사 시간이 나지 않는 분들께 추천 드리는 단백질원 치즈. 치즈는 양질의 단백질과 필수 아미노산 성분을 포함하고 있어요. GI 수치마저 낮은 편이라 혈당이 급격하게 오르지 않도록 해 주고 포만감도 높습니다. 다만 디저트류에 주로 쓰이는 당도가 높은 치즈(크림치즈 등)는 단백질 성분이 적게 포함돼 있으니 주의해 주세요.

❸ 샐러드

체중을 확실하게 감량하고 싶은 분들은 시판 샐러드 드레싱을 그대로 섭취하기보다는 레몬즙이나 휴대용 개인 오일 등을 소분해 따로 들고 다니는 편이 좋아요. 생채소를 그대로 먹는 게 힘든 분들, 식사용 샐러드를 준비할 시간이 없거나 그런 모든 과정이 귀찮은 분들은 주스 형태로라도 섭취해 주세요(생채소를 씹지도 않고 그냥 삼키는 게 주스 형태로 섭취하는 것보다 몸에 훨씬 안 좋으니까요).

이렇게 바꿔도 OK!

❶ 크로크무슈

※ 지방 함유량이 높은 편이므로 다음 끼니 혹은 이전 끼니의 지방 섭취량에 주의해 주세요.

❷ 요거트

플레인요거트

❸ 채소주스

하루채소주스

살 빠지는 편의점 아침 메뉴 조합 6

데친 야채와 계란지단 등 여러 가지 재료가 들어가는 김밥. 주요 내용물에 단백질원이 많이 포함된다면 단품만으로도 살 빠지는 탄단식 식단에 쏙 들어맞겠지만, (시판 김밥의 경우) 아쉽게도 탄수화물의 함유량이 훨씬 높은 편입니다. 하지만 <mark>단백질과 식이섬유소를 알맞게 보충해 준다면 김밥도 살 빠지는 탄단식 식단으로 얼마든지 활용이 가능</mark>합니다.

우선 단백질원은 닭가슴살바를 추가할 수 있습니다. 외식이 잦거나 편의점 도시락 등을 자주 사 먹는 편이라면 녹황색채소류의 섭취량이 부족할 수 있으니 시금치참깨샐러드를 추가하면 좋습니다.

✰✰✰ 추천 포인트 ✰✰✰

❶ 김밥

일반 흰쌀밥보다 현미나 잡곡밥을 기본으로 하는 김밥을 고른다면 GI 수치를 낮추는 데 도움이 됩니다. 김밥 안에 든 내용물에 따라 추가로 섭취할 단백질원을 바꿔 주세요. 낫토김말이 같은 경우는 탄수화물, 단백질원 두 가지 성분이 포함돼 있으므로 식이섬유소만 추가해 주면 완벽합니다.

❷ 닭가슴살바

닭가슴살바는 근육을 만드는 데 필요한 양질의 단백질을 함유하고 있으면서 칼로리도 낮습니다. 확실한 체중 감량을 목표로 한다면 최소한의 양념만 살짝 더해 섭취하는 걸 추천합니다. 평소 육류를 많이 섭취하는 편이라면 식물성단백질원인 두부로 대체해 보는 것도 좋습니다.

❸ 시금치참깨샐러드

생채소가 들어간 샐러드를 좋아하지 않는 분들께 추천하는 식이섬유소입니다. 미니 컵에 들어 있는 시금치참깨샐러드처럼 불에 살짝 익힌 '나물' 느낌의 샐러드는 생채소를 그대로 먹기 힘든 분들께 추천하는 제품입니다. 부드러워진 시금치와 알갱이가 톡톡 터지는 참깨의 식감 대비가 식사의 만족감을 높여 줍니다.

이렇게 바꿔도 OK!

❶ 낫토김밥

❷ 두부바

❸ 토마토샐러드

※ 오일류 드레싱을 곁들여 섭취하면 좋아요!

살 빠지는 편의점 아침 메뉴 조합 7

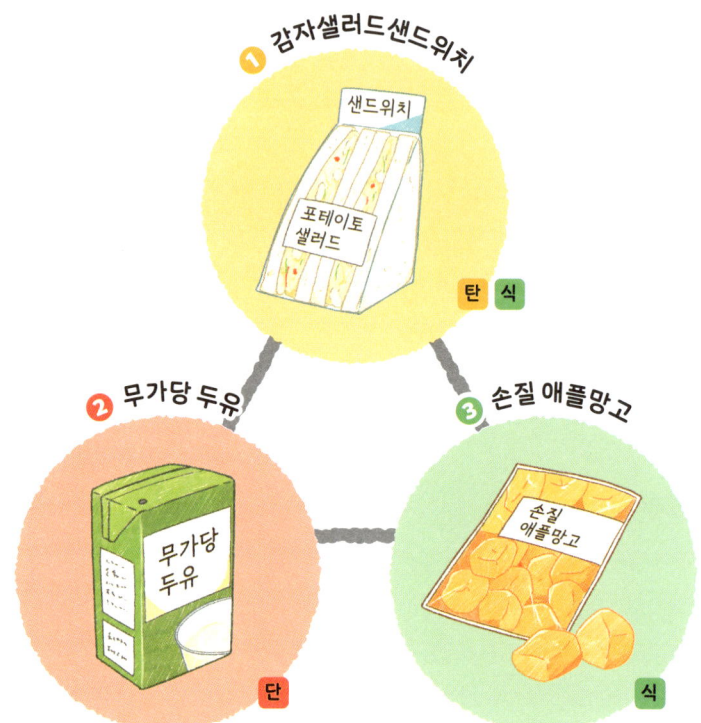

요즘의 편의점은 과일 풍년이라고 해도 손색이 없을 정도입니다. 식사 후 뭔가 아쉬운 마음에 군것질거리를 찾게 될 때, 여름에 아이스크림이 당길 때, 과일을 섭취해 보세요. 변비가 있는 분들은 식전에 과일을 먼저 섭취하는 것도 좋습니다.

양껏 먹고 싶은 날엔 포만감이 높은 식품들로 식단을 꾸려 보세요. 우선 탄수화물원으로는 마요네즈에 버무린 음식이라 포만감이 높은 감자샐러드샌드위치. 대신 단백질원으로는 무가당 두유를 조합해 주세요. 이 역시 영양소가 분해돼 체내에 흡수되는 데 시간이 걸리는 편이라 포만감이 높거든요.

✭✭✭ 추천 포인트 ✭✭✭

① 감자샐러드샌드위치

감자는 수용성식이섬유소[1] 함유량이 높아 소화가 잘 되며, 위장에도 부담이 적은 식재료입니다. 대체재로는 탄수화물과 단백질원 두 가지를 섭취할 수 있는 에그마요샌드위치를 추천합니다. 다만 이 경우, 식이섬유소 함유량이 거의 없다시피 하니 다른 메뉴를 추가해 식이섬유소를 꼭 보충해 주세요.

② 무가당 두유

아미노산 함유량이 높은 두유. 두유에는 확실하게 체중을 감량하고 싶은 여성들에게 반가운 영양소 이소플라본Isoflavone[2] 성분이 포함돼 있습니다.
대체재로는 우유를 넣은 따뜻한 밀크티를 추천합니다. 따뜻한 음료는 혈액순환과 신진대사를 활발하게 해 줄 뿐만 아니라 식사 후 포만감을 높여 줍니다.

③ 손질 애플망고

망고에는 안티에이징에 효과가 탁월한 비타민E 성분이 다량 함유돼 있습니다. 비타민E는 또한 혈액순환을 원활하게 하고 신진대사를 높이는 데도 좋지요.
망고류에는 식이섬유소도 풍부해 혈당 수치가 급격하게 오르는 것을 막아 주기도 합니다. 수용성식이섬유소와 불용성식이섬유소, 두 가지 성분이 고루 함유돼 있어 정장 작용에도 효과가 좋습니다.

이렇게 바꿔도 OK!

① 에그마요샌드위치

② 따뜻한 밀크티

※ 병 음료가 아닌 편의점 내 카페 (혹은 일반 카페) 음료로 섭취해 주세요!

③ 냉동 키위

살 빠지는 탄단식 식단 일람표 아침 메뉴 편

	탄수화물	단백질	식이섬유소
①	햄양상추샌드위치	요거트	손질 사과
②	매실장아찌삼각김밥	게맛살	바나나
③	죽	어묵(어묵 튀김)	톳찜
④	모닝빵	우유	손질 파인애플
⑤	프렌치토스트	치즈	샐러드
⑥	김밥	닭가슴살바	시금치참깨샐러드
⑦	감자샐러드샌드위치	무가당 두유	손질 애플망고
대체재	구운 주먹밥	고등어구이	냉동 망고
	와플	요거트	냉동 믹스베리
	롤빵	연어샐러드	컵과일(믹스 후루츠)
	샐러드랩	요거트	딸기
	바게트	삶은 계란	포도
	소금주먹밥	돈코츠수프	냉동 블루베리
	찐빵	피시볼	감자샐러드

① 물에 녹는 식이섬유소로, 소화되는 과정에서 겔의 형태로 변해 소화 건강뿐만 아니라 체중 관리, 혈당 조절 등 건강 관리 측면에서 이로움을 제공하는 유익 영양소.

② 콩에 함유되어 있는 식물성단백질 성분. 된장과 청국장 같은 발효식품으로 섭취할 경우 체내 흡수가 더 잘되며, 다이어트 건강기능 식품 등으로도 개발되고 있다.

스텝 2.

**근기 있고 든든한
편의점 다이어트 식단,
점심 메뉴 조합 편**

점심 메뉴 고르는 팁 1
점심은 탄수화물양이 조금 많아도 ok!

　체중을 감량하기로 마음을 먹고 나면 무심코 주식인 탄수화물 섭취량을 극도로 제한하려는 강박에 사로잡히곤 합니다.
　그러나 밥이나 빵, 면류에 포함된 탄수화물 성분은 신체, 특히 우리 뇌에 중요한 에너지원으로 쓰이기 때문에 무작정 양을 줄이기만 해서는 안 됩니다. 또한 즉각적으로 포만감을 느끼기 쉬운 영양소가 바로 이 탄수화물이기 때문에 폭식을 미연에 방지하고 지속 가능한 다이어트를 하기 위해서라도 적정량의 탄수화물을 섭취하는 일은 필수 불가결합니다. 마찬가지로 '요요'를 방지하는 데도 탄수화물 섭취는 중요하고요. 다이어트를 한다고 해서 무작정 탄수화물부터 끊어 버리면 우리 몸은 살찌기 쉬운 체질로 변한다는 사실을 명심하세요. 물론 뭐든 너무 과하면 당연히 문제가 되겠지만요.
　점심부터 저녁 식사 사이에는 공복으로 버텨야 하는 시간이 긴 편이므로 점심만큼은 정말 제대로, 잘 먹어야 합니다. 점심에는 탄수화물 섭취량이 높아도 어느 정도는 괜찮습니다.
　단, 탄수화물 섭취량뿐만이 아닌 식사량 자체가 너무 많은 건 문제가 되겠지요. 언제나 위를 80퍼센트 정도만 채운다는 느낌으로 식사량을 조절하는 게 좋습니다.

GI란 무엇인가?

GI란 혈당지수Glycemic Index의 약자로, 식후 혈당치 상승률을 의미합니다.

혈당지수가 높은 밥, 빵, 면 등은 식후 혈당치가 가파르게 오르기 때문에 단기간에 체중을 많이 감량하고 싶다면 섭취량을 조절하거나 가급적 섭취를 자제하는 편이 좋습니다. 백미보다는 정제되지 않은 현미 쪽이 혈당지수가 낮습니다. 그뿐만이 아니지요. 현미는 영양소가 풍부하고 또 그 영양소를 효율적으로 체내에 흡수시킬 수도 있는, 정말 좋은 식재료입니다.

그러나 혈당지수에 너무 사로잡힐 필요는 없습니다. 또 좋아하는 음식을 지나치게 참을 필요도 없어요. 그보다는 가족과 친구, 연인 등 소중한 사람들과 즐겁게 식사를 하는 편이 건강에는 훨씬 더 좋습니다. 단 한 가지, 영양 밸런스에 주의하면서요.

이 책에서 소개하는 '살 빠지는 탄단식 식단'에는 혈당지수가 높은 밥, 빵, 면류의 식품이 등장합니다. 이 식품들을 '어떻게 조합하느냐'에 따라 실제로 혈당지수가 가파르게 상승할 수도 있고, 완만하게 조절될 수도 있습니다. 혈당지수를 완만하게 조절하는 것. 이것이 바로 다이어트의 성공을 좌우하는 핵심 열쇠이자, '편의점 다이어트 식단'의 궁극적인 목표라고 할 수 있어요.

✱ 어떻게 조합하느냐에 따라 다이어트의 주적 밥, 빵, 면류도 섭취 가능!

점심 메뉴 고르는 팁 2
달달한 디저트류, 튀김류를 먹고 싶다면 점심에!

활동량이 많은 점심시간엔 튀김류를 섭취해도 괜찮습니다. 다만 명심할 건, 칼로리가 아닌 무엇을 튀긴 건지 '속 재료'를 고려해 골라야 한다는 것. 평소 육류 섭취를 즐긴다면 살 빠지는 탄단식 식단 조합 메뉴로는 새우나 전갱이튀김과 같은 흰살생선튀김 등을 번갈아 먹어 보는 것도 좋아요.

새우튀김, 생선가스는 튀김 음식을 가장한 단백질원

튀김 음식을 먹는다고는 해도 한 끼에 탄수화물, 단백질, 식이섬유소라는 세 가지 영양소를 고루 섭취해야 한다는 사실은 변함없습니다. '돈가스는 칼로리가 높지만 연근튀김은 채소를 튀긴 거니 건강한 음식'이라는 식으로 생각하기보다 돈가스는 육류(단백질원), 연근튀김은 채소(식이섬유소)라는 식으로 생각해야 합니다.

과자나 빵 같은 군것질거리 역시 아침이나 저녁보다는 점심시간에 섭취하는 게 좋습니다. 물론 당분이 지나치게 많이 함유된 식품은 '혈당 스파이크'를 유발하거나 지방으로 축적될 뿐만 아니라 포만감도 덜해 계속해서 뭔가를 섭취하게 만들기도 합니다. 간식을 너무 자주 먹거나

식이섬유소가 풍부한 고구마찐빵

식사 대용으로 삼는다면 체중 감량이 어려운 건 물론, 건강을 해치겠지요. 이 같은 식품들은 지속 가능한 다이어트를 위해 섭취 빈도를 조절해야 한다는 것, 명심하세요.

살 빠지는 편의점 점심 메뉴 조합 1

① 참치김밥 탄 단
② 붕어묵튀김 단
③ 무말랭이찜 식

　김밥류는 다양한 속 재료가 들어 있어 살 빠지는 탄단식 식단을 구성해 보기 좋은 식품입니다.

　어육 함유량이 높은 어묵은 칼로리가 낮고 지방 함유량이 적기 때문에 다이어트 시 단백질원으로 섭취하기 좋습니다. 평소 육고기를 자주 섭취하시는 분께 추천합니다.

　식이섬유소의 경우, 평소 채소 섭취량이 적은 편이라면 무말랭이찜만으로는 부족할 수 있어요. 이런 경우 채소주스를 메뉴 조합에 추가해 보는 것도 좋습니다.

✩✩✩ 추천 포인트 ✩✩✩

❶ 참치김밥

대표적 고단백 식재료인 참치. 싱싱한 회로 섭취할 수 있다면 더할 나위 없겠으나 캔 참치로도 다양한 레시피를 시도해 볼 수 있어요. 빵을 선호한다면 참치샌드위치로 대체해도 좋습니다.

❷ 봉어묵튀김

어묵은 쫄깃하고 탄력감이 있는 식감이 특징인 만큼, 씹는 맛이 좋고 근기도 있는 식품입니다. 다이어트에 제격이죠. 평소 육고기 섭취가 잦다면 의식적으로라도 어육계의 단백질원을 섭취하는 편이 좋습니다.

❸ 무말랭이찜

오독오독 씹는 맛이 일품인 무말랭이는 다이어트식으로도 매우 우수합니다(대체재를 찾는다면 톳찜도 괜찮습니다). 칼슘 함유량이 높아 체내 지방을 분해하는 데도 효과적이고 신진대사도 원활하게 해 주지요. 단, 미림이나 조리용 술을 듬뿍 넣은 찜 요리는 칼로리가 높은 경우가 있으니, 적정량을 섭취해 주세요.

이렇게 바꿔도 OK!

❶ 참치샌드위치

❷ 치즈봉

❸ 톳찜

살 빠지는 편의점 점심 메뉴 조합 2

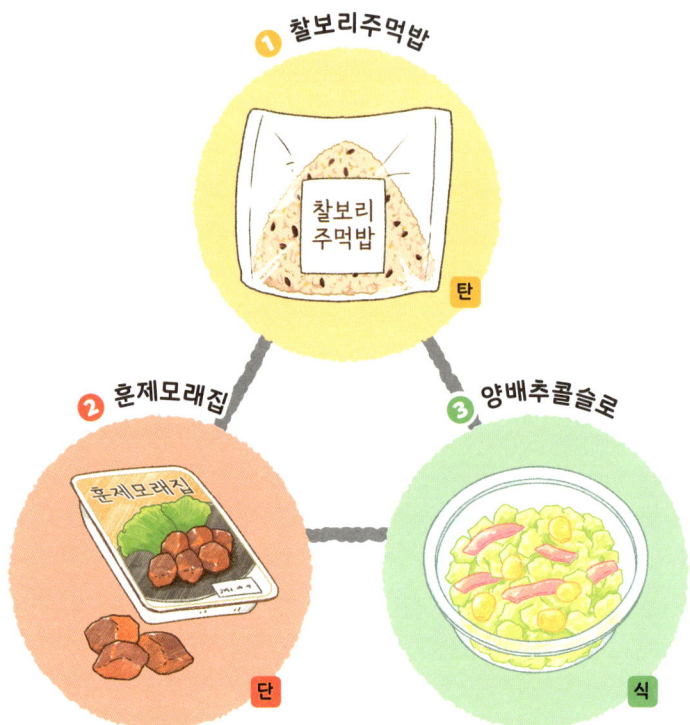

직장인들은 한정된 시간 안에 식사를 마쳐야 하는 경우가 많습니다. 그런 까닭에 카레, 우동, 소바 등 (씹어 삼킨다기보단) 후루룩 넘길 수 있는 부드럽고 간편한 메뉴를 고르기 마련이죠. 그러나 제대로 씹지 않고 음식물을 삼키면 금방 배가 꺼져 안 해도 될 군것질을 하게 되기도 합니다.

그렇다면 일부러라도 꼭꼭 씹어야만 하는 모래집, 콜슬로 같은 식재료들로 식단으로 꾸려 보는 건 어떨까요? 다이어터라면 '꼭꼭 씹어 삼키기'는 선택이 아닌 필수니까요.

✰✰✰ 추천 포인트 ✰✰✰

❶ 찰보리주먹밥

백미와 비교해 칼로리 면에서는 큰 차이가 없으나, 찰보리밥의 경우 식이섬유소가 다량 함유되어 있어 혈당 수치를 완만하게 조절할 수 있고, 장 건강에도 좋다는 장점이 있습니다. 또한 <mark>소화되기까지 시간이 더 소요되므로, 포만감</mark> 면에서 다이어트에 더 <mark>적합</mark>하다고 할 수 있습니다.

❷ 훈제모래집

편의점 술안주 메뉴로 제격인 식품도 살 빠지는 탄단식 식단에 얼마든지 응용할 수 있습니다. 발군의 식감을 자랑하는 모래집. 꼭꼭 씹어 천천히 먹는다면 혈당 수치가 급격하게 오르는 것을 방지할 수 있어요.

❸ 양배추콜슬로

양배추에는 비타민C와 위를 보호해 주는 비타민U 성분 외로도 각종 미네랄과 식이섬유소를 다량 함유하고 있습니다. 다이어트를 할 땐 위장에 부담이 안 가는 식재료를 고르고 섭취하는 일도 중요합니다.

이렇게 바꿔도 OK!

❶ 잡곡주먹밥

❷ 매콤오돌뼈볶음

❸ 채소스틱

살 빠지는 편의점 점심 메뉴 조합 3

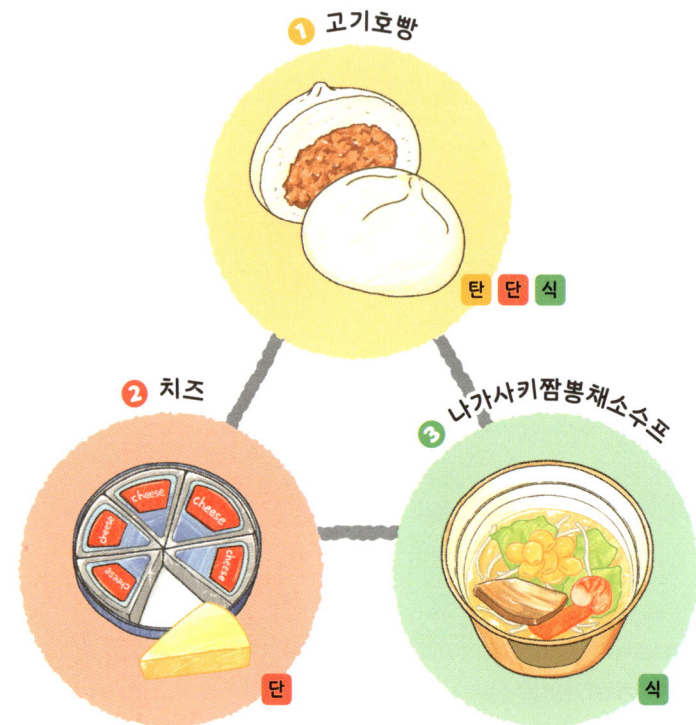

    속 재료를 고려하면 고기호빵 단품만으로도 살 빠지는 탄단식 식단의 모든 영양소를 갖추었다고 할 수 있겠으나, 저녁까지 버티려면 포만감 면에서 아쉬운 게 사실이죠. 그렇다면 여기에 치즈로 단백질원을 더하는 것도 좋은 방법입니다. 다만 고기호빵은 지방 함유량이 높은 편이므로 아침과 저녁으로 기름기 있는 식품의 섭취를 자제하는 편이 좋습니다.

    샐러드만 먹으면 몸이 차가워진다 싶은 분들은 <mark>위를 따듯하게 하고 신진대사를 돕는</mark> 채소수프류를 추천합니다. 몸이 따듯해지면 식사의 만족감도 덩달아 올라갈 거예요.

✨✨✨ 추천 포인트 ✨✨✨

① 고기호빵

'바빠 죽겠다!' '시간이 없다!' 싶은 날에 딱인 메뉴. 다만 절대적인 칼로리 자체는 높은 편이라 활동량이 많은 날 점심에 섭취하기를 권장합니다. 다진 고기에 치즈가 더해진 피자호빵으로 대체한다면 더욱더 많은 단백질원을 섭취할 수 있습니다.

② 치즈

간편하게 섭취하기 좋은 대표적 단백질원 치즈. 지방량이 신경 쓰인다면, 저지방 치즈류 혹은 어육 소시지 종류로 대체해도 좋습니다.

③ 나가사키짬뽕채소수프

수프는 종류에 따라 그냥 후루룩 '마셔' 버리곤 합니다. 다이어트를 하는 이상, 이 같은 '빨리 먹기'는 절대 금물입니다. 반드시 꼭꼭 씹어 삼키는 걸 의식적으로 연습하세요.

이렇게 바꿔도 OK!

① 피자호빵

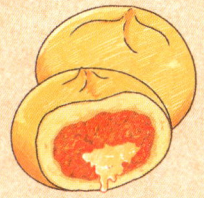

② 어육소시지

③ 해초샐러드

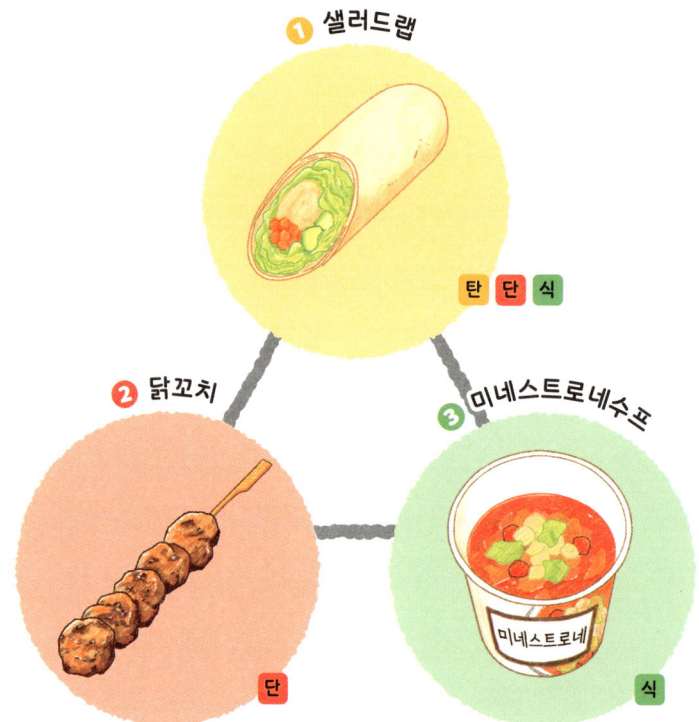

살 빠지는 편의점 점심 메뉴 조합 4

❶ 샐러드랩
❷ 닭꼬치
❸ 미네스트로네수프

　샐러드랩은 손쉽게 야채를 보충할 수 있는 메뉴인 동시에 속 재료에 따라서 단품 한 가지만으로도 살 빠지는 탄단식 식단의 모든 영양소를 갖추었다고 볼 수 있습니다.
　미네스트로네수프의 주재료인 토마토를 가열하게 되면 항산화 및 면역력 개선에 도움을 주는 리코펜과 베타카로틴 성분의 체내 흡수율이 세 배 가까이 올라갑니다. 그뿐만 아니라 생채소 섭취에 어려움을 겪는 분들도 수프 형태라면 조금 더 편하게 섭취할 수 있고요.
　닭꼬치는 부위별로 지방과 단백질의 비율이 다르기 때문에 상황에 맞춰 여러 부위를 시험해 보는 편이 좋습니다.

✰✰✰ 추천 포인트 ✰✰✰

① 샐러드랩

단품 한 가지만으로도 탄수화물, 단백질, 식이섬유소 세 가지 영양소를 고루 갖춘 샐러드랩. 대체품으로는 토르티야를 들 수 있겠으나 마요네즈 등이 사용된 제품이 많으므로, 토르티야를 섭취한 날에는 다른 끼니의 지방 섭취량을 조절해 주세요.

② 닭꼬치

저지방·고단백인 가슴살 부위로 요리된 식품을 선택하는 게 좋습니다. 그 외의 부위는 지방 함유량이 높은 편이므로 양을 조절해 섭취해 주세요.
대체품으로는 슬라이스된 닭가슴살 혹은 샐러드와 함께 섭취할 수 있는 케이준치킨샐러드나 닭가슴살시저샐러드류를 추천합니다.

③ 미네스트로네수프

수프를 섭취한다면 토마토 계열을 추천합니다. 대체품으로는 채소주스를 들 수 있는데, 염분을 포함하지 않은 순수 채소주스 제품이 가장 좋습니다. 수프든 주스든 꼭꼭 씹어 삼키는 게 무엇보다 중요하다는 사실, 명심하세요!

이렇게 바꿔도 OK!

① 토르티야

② 닭가슴살 슬라이스

③ 채소주스

살 빠지는 편의점 점심 메뉴 조합 5

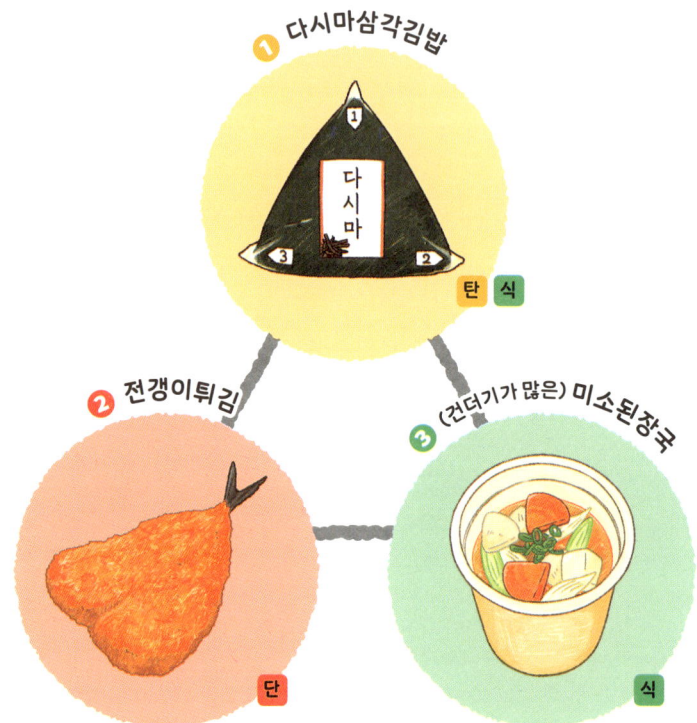

 평소 생선류를 섭취할 기회가 적은 분들, 생선을 잘 못 드시는 분들께 추천하는 생선튀김류. 튀김 요리라도 활동량이 많은 날 점심으로 섭취하는 정도는 괜찮습니다.

 외식을 자주 하거나 식이섬유소 섭취량이 평균 이하인 경우, 속 재료로 다시마가 들어간 삼각김밥을 골라 식이섬유소 섭취량을 늘려 주세요.

 요즘은 동결건조 기술 덕에 즉석 국류가 아주 잘 나오고 있으니, 채소 건더기가 다량 함유된 미소된장국을 더하면 살 빠지는 탄단식 식단이 완벽하게 완성됩니다.

✰✰✰ 추천 포인트 ✰✰✰

❶ 다시마삼각김밥

좀 더 극적으로, 확실하게 체중을 감량하고 싶은 경우 육고기류나 참치마요 같은 내용물이 든 삼각김밥보다는 지방 함유량이 적은 채소류 속 재료가 든 삼각김밥을 섭취하는 편이 좋습니다. 대체품으로 다시마 대신 매실장아찌나 가다랑어포가 들어간 삼각김밥을 들 수 있습니다.

❷ 전갱이튀김

전갱이는 단백질이 풍부하고 당질대사를 촉진하는 영양소가 함유돼 있어 다이어트에 제격입니다. 꼭 전갱이가 아니더라도 다른 흰살생선류를 속 재료로 하는 생선튀김으로 대체해도 무방합니다.

❸ (건더기가 많은) 미소된장국

채소를 고르는 게 귀찮고 성가신 분들께 추천하는 방법이 바로 동결건조 즉석 국(혹은 수프) 섭취입니다. 한 가지 '꿀팁'을 더 풀자면, (건조) 미역이나 동결건조 채소만 따로 구비해 두었다가 건더기가 적은 국이나 수프에 추가하면 식이섬유소 섭취량을 늘릴 수 있어요.

이렇게 바꿔도 OK!

❶ 가다랑어포삼각김밥

❷ 흰살생선튀김

❸ (건더기가 많은) 수프

살 빠지는 편의점 점심 메뉴 조합 6

대표적인 탄수화물원이라 '먹으면 살찐다'는 인상이 강한 쌀밥. 그러나 무리하게 적은 양을 섭취하거나, 쌀밥은 식단에 아예 포함하지 않는다는 식으로 다이어트를 실행할 경우, 허기를 달래려 공연히 군것질을 하게 되고 결과적으로 체중이 늘어 버리는 악순환이 반복…. 그러니 차라리 쌀밥을 드세요!

낫토의 주재료인 대두에는 양질의 식물성단백질이 다량 함유되어 있습니다. 그에 반해 탄수화물이나 지방의 비중은 적지요. 쌀밥과 함께 섭취하면 혈당 수치가 급격하게 오르는 것을 방지해 주기 때문에 건강 면에서 최고의 다이어트 조합이라 할 수 있습니다.

✦✦✦ 추천 포인트 ✦✦✦

① 쌀밥

쌀밥을 아주 안 먹고 살 수는 없습니다. 또 의외로 변비에 좋은 음식이 이 쌀밥이기도 하고요. 즉석 밥의 칼로리가 걱정된다면 용량이 적은 '작은공기' 제품을 고르거나, 발아현미나 잡곡밥처럼 비정제 곡물이 포함된 제품으로 대체해 보세요.

② 낫토

발효식품인 낫토는 장내 환경을 건강하게 정돈해 줍니다. 대두가 많이 함유된 다른 식품으로는 마파두부를 들 수 있습니다. 중화요리는 다이어트식에는 맞지 않을 것 같은 이미지가 있지만, 주재료인 두부 덕에 소화가 잘되고 위에도 부담이 적은 편입니다.

③ 오크라해초샐러드

오크라와 해초 모두 수용성식이섬유소가 함유된 식재료로, 위에서 수분을 흡수·팽창시키기 때문에 의외로 포만감이 높은 편입니다. 식사를 마치고도 '뭔가 좀 부족한데? 아쉬운데?' 싶다면 수용성식이섬유소가 풍부한 식재료를 식단에 추가해 보세요.

이렇게 바꿔도 OK!

① 김초밥

② 마파두부

③ 찐감자

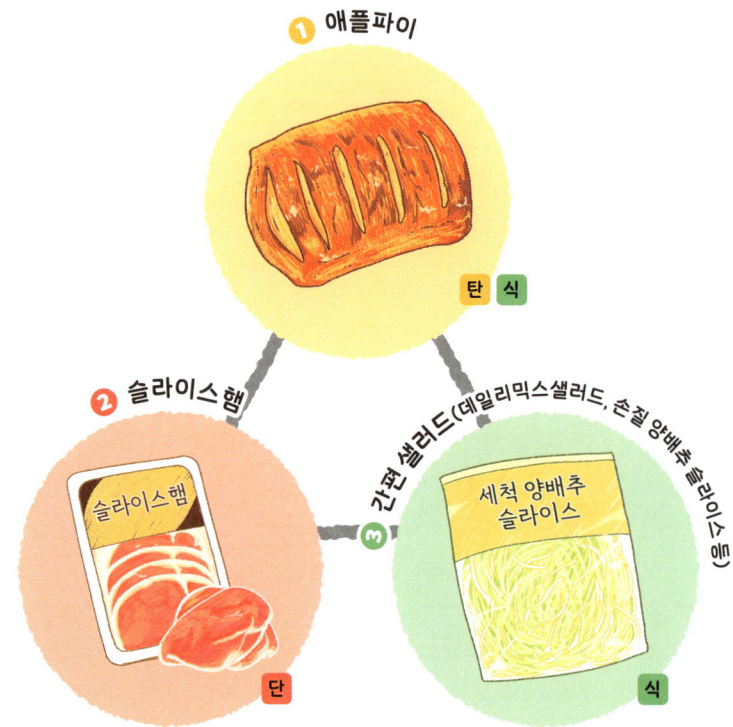

살 빠지는 편의점 점심 메뉴 조합 7

1. 애플파이 — 탄
2. 슬라이스햄 — 단
3. 간편 샐러드(데일리믹스샐러드, 손질 양배추슬라이스 등) — 식
세척 양배추 슬라이스

 살 빠지는 탄단식 식단 원칙에 따른다면 애플파이를 탄수화물원으로 섭취하는 것도 가능합니다. 다만 단품으로 섭취할 경우, 혈당 수치가 급격하게 오르고 지방으로 변환돼 체내에 축적될 수 있으니 <mark>반드시 식이섬유소와 함께 섭취해 주세요.</mark>

 애플파이와 샐러드만으로는 포만감 면에서 아쉬울 수 있으니 슬라이스햄으로 단백질원을 더해 주세요. 안심 등이 주재료인 생햄의 경우 칼로리도 낮은 편이라 다이어트 식단으로 손색없습니다.

✨✨✨ 추천 포인트 ✨✨✨

❶ 애플파이

사과에는 장운동을 활성화시키는 데 도움을 주는 펙틴 성분이 함유되어 있습니다. 심지어 이 펙틴 성분은 가열하면 더 늘어나기도 하지요. 대체품으로 식이섬유소가 풍부하고 혈당지수와 지방 전환율이 낮은 고구마찐빵을 추천합니다.

❷ 슬라이스햄

조리하지 않고도 생으로 먹을 수 있는 햄은 샌드위치에 넣거나, 라면에 토핑으로 올리는 등 다양하게 활용이 가능합니다. 단, 염분이 높은 편이라 수분을 충분히 섭취해 붓기에 주의해 주세요.

❸ 간편 샐러드

식이섬유소 식품으로 소개되는 단골 메뉴 간편 샐러드. 간편 샐러드는 종류도 다양하고 (수고스러움을 아주 조금 감수한다면) 활용도도 높습니다. 마요네즈와 식초를 곁들여 콜슬로를 만들거나, 전자레인지에 가열해 쌈채소로 활용한다거나, 참기름과 소금을 곁들여 나물로 조리할 수도, 올리브오일과 레몬즙을 곁들여 채소 마리네이드로도 섭취가 가능합니다.

이렇게 바꿔도 OK!

❶ 고구마찐빵

❷ 뒷다리햄(홀머슬햄)

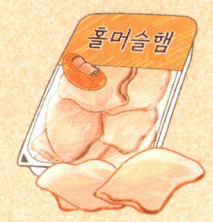

❸ 채소스틱

살 빠지는 **탄단식 식단 일람표 점심 메뉴 편**

	탄수화물	단백질	식이섬유소
①	참치김밥	붕어묵튀김	무말랭이찜
②	찰보리주먹밥	훈제모래집	양배추콜슬로
③	고기호빵	치즈	나가사키짬뽕채소수프
④	샐러드랩	닭꼬치	미네스트로네수프
⑤	다시마삼각김밥	전갱이튀김	(건더기가 많은) 미소된장국
⑥	쌀밥	낫토	오크라해초샐러드
⑦	애플파이	슬라이스햄	간편 샐러드
대체재	꼬마김밥	가자미조림	냉동 복숭아
	유부초밥	삶은 계란	(건더기가 많은) 미소된장국
	부추전	고추잡채	샐러드
	소금주먹밥	간부추볶음	(참기름을 두른) 삶은 브로콜리
	포카치아샌드위치	치즈	옥수수
	토스트	두유	나물
	핫도그	요거트	풋콩

스텝 3.

**속이 편한
편의점 다이어트 식단,
저녁 메뉴 조합 편**

저녁 메뉴 고르는 팁 1
저녁에는 탄수화물 섭취량을 줄일 것!

공복에 섭취하는 탄수화물원은 혈당 수치를 급격하게 올리기도 하고 지방으로 변환돼 체내에 쌓이기도 쉬울뿐더러 우리 몸을 살찌기 쉬운 체질로 바꿔 놓습니다.

하루가 시작되는 아침에는 몸을 움직일 에너지가 필요하고, 점심에는 신체·정신적으로 활동량이 많은 까닭에 탄수화물원을 다소간 많이 섭취해도 충분히 소화시킬 기회가 있습니다. 그렇지만 저녁만큼은 달라요. 달밤에 체조라도 할 게 아니라면, 저녁 시간에 체내에 과잉 공급된 탄수화물원은 압도적인 확률로 지방으로 변환되고 맙니다.

물론 극단적으로 섭취량을 줄이라는 의미는 아닙니다. '과하지 않게' '너무 배부르지 않을' 정도면 충분해요. 튀김류나 라면, 우동처럼 고탄수화물원인 한 그릇 음식은 되도록 피해 주세요.

저녁에 피해야 할 음식

NG ❶ 가츠동, 오야코동, 볶음밥 등 튀기거나 볶은 음식류

기름에 튀기는(볶는) 것도 문제지만, 이런 덮밥류들은 대개 공깃밥 하나 분량보다 밥양이 많습니다. 저녁으로 섭취하기에는 아무래도 과하죠. 꼭 먹어야겠다면 점심때 섭취하길 권장합니다.

NG ❷ 라면, 우동 등 고탄수화물원 한 그릇 요리

라면, 우동 등은 '탄수화물만으로 배가 찬다'라고 해도 과언이 아닐 정도로 고탄수화물원 식품입니다. 이 역시 저녁 식단으로 섭취하기에는 적절하지 않습니다.

NG ❸ 고봉밥

저녁 고봉밥은 절대 금물입니다. 밥양은 적당히, 채소와 단백질원을 곁들인 조합에, '뭔가 조금 부족하다' 싶은 경우엔 (염분을 적게 한) 국물·수프류를 더해 주세요. 꼭 밥을 많이 먹지 않더라도 포만감을 느낄 수 있는 조합을 여러모로 시도해 보는 게 중요합니다.

저녁 메뉴 고르는 팁 2
저녁에는 소화가 잘되는 음식을 고를 것!

저녁에는 소화가 잘되는 음식을 섭취해 주세요. 음식물을 미처 다 소화시키지 못한 채 잠들 경우, 속이 더부룩해 중간중간 잠에서 깨기도 하고, 소화를 시키느라 장기들이 휴식을 취하지 못해 생체시계가 어긋나기도 합니다.

특히 퇴근 시간이 늦어져 저녁을 늦게 먹게 될 경우, 위장에 부담이 안 가는 메뉴를 골라 주세요. 튀김류나 기름을 많이 쓴 음식은 소화시키는 데 시간이 많이 소요되므로 가급적 저녁에는 피하는 게 좋습니다. 단백질 역시 육고기류보다는 흰살생선이나 두부 등을 통해 섭취하는 게 가장 좋고요.

소화를 돕는다는 맥락에서 ==음식물을 잘게 잘라 섭취하는 것== 또한 ==효과적인 방법일 수 있습니다.== 식이섬유소를 섭취할 때도 채소를 ==날것으로 먹기보다 부드러워지거나 숨이 죽도록 가열해 섭취하는 것을 추천합니다.==

소화가 잘되는 음식

① 어묵, 찜 등 기름을 적게 쓴 음식

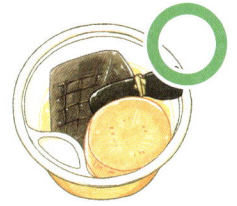 

② 완탕, 동결건조 수프 및 국물류

③ 유도후, 소면 등 부드러운 음식

* 유도후는 두부를 쪼유나 다시마 우린 물에 삶는 요리를 말해요.
** 한국 편의점에서 대체재를 찾을 경우, 한 끼용 연두부 제품을 데워 먹거나, 몽글몽글 순두부 같은 제품으로 섭취해도 좋아요.

살 빠지는 편의점 저녁 메뉴 조합 1

 아침에 눈을 떴을 때 몸이 무겁다거나 피로가 풀리지 않는 듯한 느낌을 받은 적이 있나요? 원인을 따지자면 여러 가지를 들 수 있겠지만, 전날 저녁 과식을 한 경우 그럴 수 있습니다. 그러니 저녁에는 가급적 소화가 잘되는 음식들로 식단을 꾸리고 식사량을 살짝 줄여 보세요.
 위 그림에 나온 조합처럼 삼각김밥(일반 밥공기에 들어가는 것보다 밥양이 더 적음)이나 찜·조림류로 탄수화물과 단백질원을 섭취하고, '뭔가 좀 아쉽다' 싶은 경우엔 연근우엉조림 같은 식이섬유소를 곁들여 아삭아삭한 식감까지 보충해 주면 충분히 포만감을 느낄 수 있습니다.

✨✨✨ 추천 포인트 ✨✨✨

① 참치마요삼각김밥

육고기에 비해 소화가 잘되는 편이라 저녁 단백질원으로 추천하는 참치마요삼각김밥. 대체재로는 소화가 잘되고 체온과 대사활동을 높일 수 있는 따뜻한 죽을 들 수 있습니다.

② 소고기감자조림

저녁 식단이라고 해도 소량의 육고기와 소화가 잘되는 감자의 조합이라면 괜찮습니다. 특히 감자의 경우, 가열해도 비타민 성분이 파괴되지 않아 평소 채소 섭취량이 부족한 분들에게 적극 추천하는 식재료입니다. 대체재로는 오징어토란찜 등을 추천하며, 차갑게 식혀서 먹는 것보다 따뜻하게 데워 섭취하는 게 좋습니다.

③ 연근우엉조림

아삭아삭한 식감으로 식사의 만족도를 높여 주는 연근. 연근 대신 미네랄이나 비타민 성분이 풍부한 모즈쿠스(큰실말초절임)나, 미역초절임 등을 선택해도 좋습니다.
샐러드나 볶음 요리 등에 식초를 살짝 더하면 혈당 및 콜레스테롤 조절에 효과적이고 과식도 방지할 수 있어요.

이렇게 바꿔도 OK!

① 죽

② 오징어토란찜

③ 큰실말초절임, 미역초절임

살 빠지는 편의점 저녁 메뉴 조합 2

① 소금주먹밥 탄
② 두부튀김찜 단
③ 오크라참마샐러드 식

　소금으로 간만 한, 따로 속 재료가 들어 있지 않은 기본 주먹밥. 단품으로 섭취할 경우, 혈당치가 빠르게 올라가거나 지방으로 변환돼 체내에 축적될 수 있으므로 <mark>어떤 조합으로 먹는지가 무엇보다 중요합니다.</mark>

　식물성단백질과 함께 철분 성분도 풍부한 두부튀김찜. 기름을 사용해 지방 함유량이 높은 편이지만 탄수화물 함유량이 적어 다이어트식으로 활용하기 좋습니다.

✦✦✦ 추천 포인트 ✦✦✦

❶ 소금주먹밥

저녁에는 위에 부담이 가는 육고기류나 기름진 속 재료가 들어간 주먹밥보다는 소금으로 간단히 간만 한 기본 주먹밥을 추천합니다. 아쉬운 마음이 든다면 매실장아찌나 담백한 채소류 건더기가 들어간 주먹밥을 골라도 좋습니다.

❷ 두부튀김찜

대두를 주재료로 하는 두부튀김찜은 두부를 튀긴 다음, 양념을 넣고 찌는 과정을 한 번 더 거치기 때문에 담백한 맛이 살아나고 위에 부담도 덜합니다.
대체재로는 유도후처럼 두부를 따뜻하게 해서 먹는 음식이라면 뭐든 괜찮습니다. 몸이 식지 않도록 해 주고, 급하게 먹는 것을 방지해 주니까요.

❸ 오크라참마샐러드

오크라나 참마의 점액질에는 소화를 도와주는 효소뿐만 아니라 장내 환경을 건강하게 해 주는 성분을 포함하고 있어 변비에도 효과적입니다. 대체재로는 무말랭이찜 등을 들 수 있습니다.

이렇게 바꿔도 OK!

❶ 매실장아찌삼각김밥

❷ 유도후

❸ 무말랭이찜

살 빠지는 편의점 저녁 메뉴 조합 3

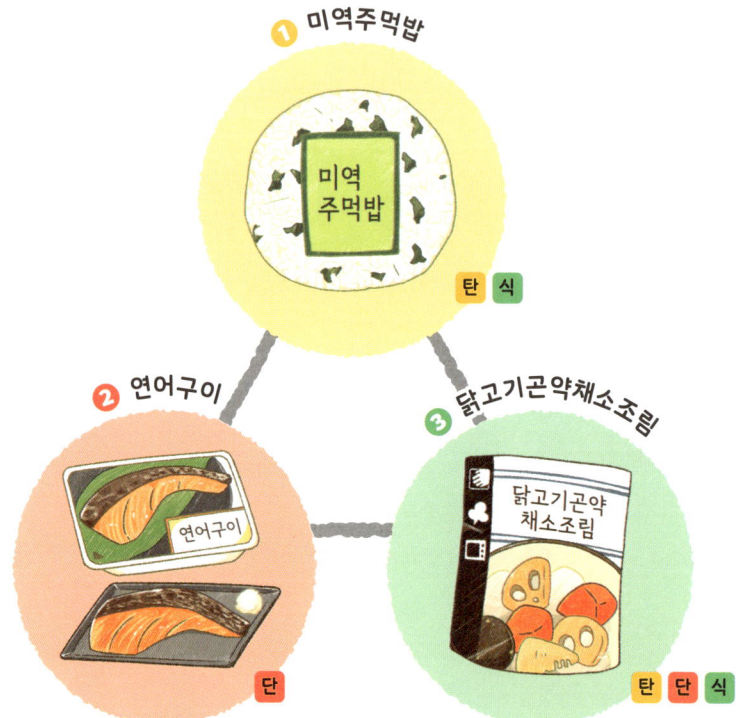

앞서 소개한 살 빠지는 편의점 저녁 메뉴 조합에서 세 번 연속 탄수화물원으로 주먹밥류를 추천했습니다. 극적인 체중 감량을 목표로 하는 경우, 밀을 주재료로 하는 빵, 파스타 같은 면 요리보다는 지방 함유량이 적은 밥 종류가 효과적이기 때문입니다.

식이섬유소가 풍부한 미역은 탄수화물과 함께 섭취할 경우, 혈당이 급격하게 오르는 것을 방지해 줍니다. 양질의 단백질원인 연어에는 대사활동을 활발하게 해 주는 비타민B군이 포함돼 있어 다이어트식으로 손색이 없습니다.

✦✦✦ 추천 포인트 ✦✦✦

① 미역주먹밥

대표적인 식이섬유소인 미역은 저지방, 저칼로리 식재료입니다. 대체재로는 의외로 어묵우동을 들 수 있습니다. 우동 같은 면 요리는 GI 수치가 높은 대표적 메뉴지만, 살 빠지는 탄단식 식단의 원칙에 맞춰 섭취하면 괜찮습니다. 단 우동 양념에는 염분이 많은 편이니, 간장 소스는 조절해 넣어 주세요.

② 연어구이

노화방지, 피부미용, 항산화, 혈관 질환 예방에 탁월한 연어. 소화 및 흡수가 잘되는 식재료라 어린이, 노약자, 환자가 섭취하기에도 좋고, 당연히 저녁 식사 메뉴로도 손색이 없습니다.
대체재로는 고등어를 들 수 있습니다. 고등어에는 철분 성분도 듬뿍 들어 있어 평소 빈혈기가 있는 분들에게 추천합니다.

③ 닭고기곤약채소조림

곤약은 볼륨감이 있는 식재료라 열량 대비 포만감이 크고 식이섬유소도 풍부해 덩달아 장 청소까지 되는 일석이조 식재료입니다. 다이어트에 제격이지요. 닭고기를 대신해 오독오독한 식감의 곤약우엉조림찜도 괜찮습니다. 꼭꼭 씹어야 하는 식재료일수록 과식의 위험이 줄어드니까요.

이렇게 바꿔도 OK!

① 어묵우동

② 고등어통조림

③ 곤약우엉조림찜

살 빠지는 편의점 저녁 메뉴 조합 4

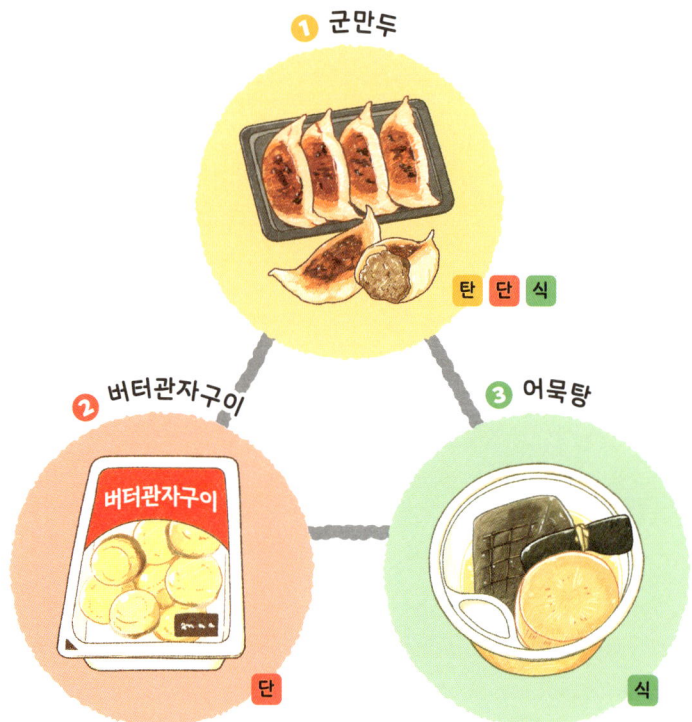

① 군만두 — 탄 단 식
② 버터관자구이 — 단
③ 어묵탕 — 식

　군만두피는 탄수화물원이지만 다진 고기와 채소가 들어간 속을 통해 단백질과 식이섬유소를 섭취할 수 있습니다. 물론 그 함유량이 높은 편이라고 할 수는 없어 다른 두 가지 식품으로 단백질과 식이섬유소를 보충해 줘야 하지만요.

　무, 다시마, 곤약 등 채소를 조합해 준다면 편의점 어묵탕으로도 한 끼 분량의 식이섬유소를 충분히 섭취할 수 있습니다.

　버터관자구이의 경우, 지방 함유량이 높기는 하지만 관자 자체는 저칼로리·고단백 식재료입니다. 칼로리보다는 식재료와 이에 포함된 영양소를 중심으로 메뉴를 골라 주세요.

✮✮✮ 추천 포인트 ✮✮✮

❶ 군만두

돼지고기에는 지방을 연소시키는 데 필요한 비타민B군이 풍부합니다. 부추나 마늘 같은 채소들은 몸을 따뜻하게 해 주고 대사활동이 활발해지도록 도와주지요. 대체재로는 돼지고기 대신 다진 닭고기가 들어간 만두나 새우 등의 해산물이 들어간 완탕을 추천합니다.

❷ 버터관자구이

관자 자체는 닭가슴살보다 칼로리가 낮습니다. 평소 생선은 안 먹는다는 분들도 어패류는 또 괜찮은 경우도 있고요. 관자에는 감칠맛의 제왕이라 불리는 이노신산과 글루타민산 성분이 풍부해 미각적으로 만족스러운 식사를 할 수 있습니다.

❸ 어묵탕

어묵탕은 속 재료를 어떻게 구성하느냐에 따라 단품만으로도 살 빠지는 탄단식 식단을 완성하는 우수한 다이어트 아이템입니다. 이 경우 실곤약, 다시마, 무 등의 채소로 식이섬유소를 확보하고, 우동으로 탄수화물원을, 소시지나 튀긴 두부 등으로 단백질을 보충해 보세요.

이렇게 바꿔도 OK!

❶ 물만두

❷ 알배기열빙어

❸ 나물

살 빠지는 편의점 저녁 메뉴 조합 5

    다이어트 효과를 극단적으로 높이기 위해서는 간이 약하고 비교적 간단한 조리법을 따른 메뉴를 고르는 게 좋습니다. 이소플라본 성분이 풍부한 냉두부. 양질의 단백질을 섭취할 수 있음은 물론이고 칼로리도 낮아 다이어트에 제격입니다.

    물론 담백한 만큼 식후 포만감은 덜할 수 있는데, 이런 경우 세 가지 메뉴 중 한 가지에 간이나 식감이 강렬한 음식을 조합해 주면 좋습니다. 간이 잘 배어 있는 닭고기영양채소주먹밥이나 씹는 맛이 있는 브로콜리참깨무침처럼요.

✱✱✱ 추천 포인트 ✱✱✱

❶ 닭고기영양채소주먹밥

담백한 반찬과 조합이 좋은 닭고기영양채소주먹밥. 알알이 양념이 잘 배어 있는 주먹밥을 먹음으로써 식사의 만족감을 더할 수 있고, 닭고기로 단백질원까지 섭취할 수 있으니 일석이조입니다.

❷ 냉두부

저녁 식사의 메인 메뉴로 두부를 고른다면 왠지 금방 배가 꺼질 것 같다고 생각해 본 적 있으신가요? 그렇다면 <u>두부 요리에 간장 소스 대신 참기름과 소금을 곁들여</u> 섭취해 보세요. 참기름 덕에 깊은 풍미가 더해져 식사의 만족감이 확 올라간답니다.

❸ 브로콜리참깨무침

평소 외식이 잦은 경우, 녹황색 채소의 섭취량이 부족해지기 십상입니다. 그러니 의식적으로라도 녹황색 채소를 식단에 포함시켜 주세요. 안주나 간식용으로도 제격인 브로콜리참깨무침. 특히나 참깨에는 양질의 식물성지방 성분이 포함돼 있어 변비를 개선하는 데도 효과가 탁월합니다.

이렇게 바꿔도 OK!

❶ 완탕수프

❷ 두부바

❸ 풋콩

살 빠지는 편의점 저녁 메뉴 조합 6

저녁에도 면을 먹고 싶은 분들에게 추천드리는 조합입니다. 컵누들수프의 당면은 탄수화물원이지만, GI 수치가 낮아 혈당이 급격하게 오르는 것을 방지해 줍니다(마찬가지로 지방으로 변환되는 확률도 낮습니다).

물론 컵누들수프만으로 단백질, 식이섬유소까지 충분히 섭취하기는 어렵습니다. 오징어구이를 통해 단백질원을, 오이와 우엉을 통해 식이섬유소를 보충해 주세요. 식감 면에서도 부드러운 당면과 씹는 맛이 있는 오징어, 오이 등의 조합은 상성이 좋습니다.

✯✯✯ 추천 포인트 ✯✯✯

❶ 컵누들수프

컵누들수프의 당면 역시 탄수화물원이므로 너무 많이 섭취하지 않도록 주의해야 합니다. 대체재로는 소면을 들 수 있지만, 부드럽다고 그냥 후루룩 마시듯 삼키지 말고 꼭꼭 씹어 섭취해 주세요. 어느 정도 단단하거나 식감이 강렬한 반찬 등과 함께 먹는 것도 좋습니다.

❷ 오징어구이

간단한 양념을 곁들인 오징어구이는 저칼로리·고단백 식품입니다. 대체재로는 쫄깃쫄깃한 식감이 살아 있는 문어숙회를 추천합니다.

❸ 오이우엉샐러드

오이나 우엉은 아삭아삭한 식감 덕에 꼭꼭 씹어 먹게 되는 식재료입니다. 식이섬유소가 풍부한 것은 물론, 씹으면 씹을수록 타액이 많이 나와 소화에 효과적입니다.

이렇게 바꿔도 OK!

❶ 소면

❷ 문어숙회

❸ 우엉찜

살 빠지는 편의점 저녁 메뉴 조합 7

 '다이어트에 중화요리가 웬 말?' 싶겠지만, 해물누룽지탕의 건더기에는 단백질 외에도 다양한 식이섬유소가 들어 있어 맛있게 채소를 섭취하고 싶은 분들께 추천드리는 메뉴입니다.
 무에는 해독과 소화효소가 풍부해 평소 소화불량이 잦은 분들이 섭취하면 좋습니다. 위장을 항상 건강한 상태로 유지하는 것. 저절로 살이 빠지는 체질을 만들기 위한 첫걸음입니다.

✨✨✨ 추천 포인트 ✨✨✨

❶ 쌀밥

아무리 다이어트에 잡곡밥, 곤약밥이 좋다지만 때때로 흰 쌀밥이 먹고 싶은 법입니다. 주먹밥으로 대체한다면 따로 속 재료가 들어가지 않은 기본 주먹밥을 골라 주세요.

❷ 중화덮밥, 해물누룽지탕

평소 육고기를 자주 섭취한다면 해산물이나 채소 계열의 속 재료를, 평소 해산물을 자주 섭취한다면 육고기나 채소 계열의 속 재료를 선택해 주세요. 아침 공복에 배고픔을 잘 느끼지 못하는 편이라면 전날 저녁 과식을 하지는 않았는지, 저녁 식사 시간이 너무 늦지는 않았는지 되돌아볼 필요가 있습니다.

❸ 무샐러드

식이섬유소가 풍부한 무. 그뿐만 아니라 무에는 다량의 수분이 함유돼 있기 때문에 섭취 시 포만감이 높고 장내 미생물 환경을 정돈해 주므로 변비에도 효과적입니다. 무에는 나트륨을 몸 밖으로 배출시키는 칼륨 역시 풍부해 부종에도 좋고 비타민 성분도 풍부해 건강 식재료로는 이만한 게 없습니다.

이렇게 바꿔도 OK!

❶ 소금주먹밥

❷ 돈지루

※ 돈지루는 일본식 된장인 미소로 국물을 내고 돼지고기와 채소를 넣고 끓인 국물 요리를 말해요.

❸ 무말랭이찜

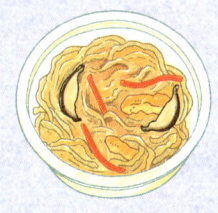

살 빠지는 탄단식 식단 일람표 저녁 메뉴 편

		탄수화물	단백질	식이섬유소
	①	참치마요삼각김밥	소고기감자조림	연근우엉조림
	②	소금주먹밥	두부튀김찜	오크라참마샐러드
	③	미역주먹밥	연어구이	닭고기곤약채소조림
	④	군만두	버터관자구이	어묵탕
	⑤	닭고기영양채소주먹밥	냉두부	브로콜리참깨무침
	⑥	컵누들수프	오징어구이	오이우엉샐러드
	⑦	쌀밥	중화덮밥, 해물누룽지탕	무샐러드
대체재		구운 주먹밥	닭꼬치	콜슬로
		꼬마김밥	간부추볶음	무말랭이찜
		부추전	에그마요샐러드	미역무침
		유부초밥	임연수구이	(건더기가 많은) 미소된장국
		죽	삶은 계란	짜사이
		소금주먹밥	중화계란볶음	미소된장국
		흰 쌀밥	고등어된장조림	브로콜리문어바질샐러드

스텝 4.

편의점 다이어트 식단을 지속하기 위한 팁

팁 1
포만감이 부족할 땐 따뜻한 국물류를 추가해 볼 것

살 빠지는 탄단식 식단으로 한 끼 식사를 마쳤으나 돌아서니 배가 꺼진 듯 뭔가 부족하다는 느낌이 드는 경우, 따뜻한 국물 혹은 수프류를 추가해 보세요. 온도가 높은 음식은 급하게 먹기도 어려울뿐더러 몸을 따뜻하게 만들어 대사활동을 촉진시켜 줍니다.

위가 뇌에 포만감을 알리는 데에는 20분 정도가 소요된다고 합니다. 이보다 식사 속도가 빠른 경우, 실제로는 위가 가득 찼는데도 뇌가 이를 제대로 인지하지 못해 과식을 하게 됩니다. 그러니 20분이라는 최소한의 식사 시간를 확보해 주세요.

다만 국물류에 밥을 말아 먹는 행위는 지양해야 합니다. 제대로 씹지 않고 위장에 흘러들어 간 음식물들이 혈당 수치를 급격하게 올릴 수 있으니까요. 만일 국물류를 섭취하는 일이 여의치 않다면 식사 전후로 따뜻한 차를 마셔도 좋습니다. 물론 너무 많이는 말고, 한 끼당 한 잔 정도가 적당합니다.

살 빠지는 탄단식 식사법×따뜻한 국물 혹은 스프류 만족감 up!

살 빠지는 편의점 아침 메뉴 조합 ❶ 에 미네스트로네수프를 추가

햄양상추샌드위치 / 요거트 / 손질 사과 + 미네스트로네수프

살 빠지는 편의점 점심 메뉴 조합 ❻ 에 미소된장국을 추가

흰 쌀밥 / 낫토 / 오크라해초샐러드 + 미소된장국

살 빠지는 편의점 저녁 메뉴 조합 ❸ 에 차 음료를 추가

미역주먹밥 / 연어구이 / 닭고기곤약야채조림 + 차 음료

팁 2
채소를 못 먹는 경우엔 채소주스로

(생) 채소 안 먹는 분들 많으시죠? 편식하지 않고 골고루 먹는 것만큼 좋은 게 없지만, 채소를 그대로 먹기가 정 어렵다면 주스로라도 섭취해 보세요. 단, 과일 건더기나 과당 등 당분이 너무 많이 함유된 제품보다는 토마토를 베이스로 한 무가당, 무염분의 순수 채소주스를 고르는 게 좋습니다.

채소를 섭취하는 또 다른 한 가지 방법으로는 바로 열을 가하는 것입니다. 채소는 찌거나 삶을 경우 부피가 확 줄고, 특유의 씁쓸하고도 떫은맛이 완화돼 먹기 훨씬 편해집니다.

최근에는 동결건조식품도 잘 나오고 있어서 동결건조 즉석국류, 동결건조형의 채소나 미역 블럭 등을 활용해 채소를 섭취해 보는 것도 채소 섭취량을 늘리는 데 도움이 됩니다.

채소 섭취 꿀팁

❶ 주스로 섭취

채소주스는 채소 섭취의 최후의 보루입니다. 다만 식이섬유소를 저작 활동 없이 마셔서 섭취하는 경우, 포만감은 물론 '식사를 했다'라는 감각이 희미해져 쓸데없이 군것질을 하거나 보상 심리로 탄수화물이나 단백질원을 과

하게 섭취하게 되기도 합니다. 또한 간이 안 좋은 분들에겐 주스나 즙 형태의 채소는 오히려 독이 될 수도 있고요. 이럴 땐 채소를 주스 형태로 마시더라도 소량의 채소(삶거나 날것의)와 함께 섭취하면 좋습니다.

❷ 가열해서 섭취

손질된 채소에 아주 조금만 수고를 들이면 색다른 채소 요리를 맛볼 수 있어요. 이를테면 보온 도시락통(혹은 텀블러도 괜찮아요)에 손질된 양배추를 넣고 뜨거운 물을 부은 다음 가쓰오부시, 다시마를 넣고 마지막으로 소금만 살짝 뿌려 주면 그럴듯한 수프가 됩니다.

❸ 동결건조식품을 활용해 섭취

평상시 동결건조채소나 건조미역 제품을 소분해 가지고 다니다가 편의점에서 파는 즉석국·수프류에 추가로 넣어 보세요. 건더기 위주로 먹으면 식이섬유소를 보다 풍부하게 섭취할 수 있습니다.

팁 3
군것질을 하고 싶을 땐, 따뜻한 음료를 마실 것

군것질을 하고 싶어지는 이유 중 하나가 바로 '수분 부족' 때문이라는 사실을 아셨나요? 하루 내 마시는 거라곤 커피뿐이라든가, 밖에서 정신없이 활동하다 보니 수분을 보충할 타이밍을 놓쳤다든가 해서 느끼는 <mark>갈증을 '뭔가 먹고 싶다'라는 식욕과 혼동하고 있을 가능성</mark>이 큽니다.

이럴 땐 따뜻한 디카페인 음료 혹은 논카페인 음료를 마시고 잠시 기다려 봅니다. 이것만으로도 식욕이 다소 잠잠해지는 게 느껴질 거예요.

한편 군것질을 하는 행위와 커피를 마시는 일이 하나의 세트처럼 습관화가 된 경우, 우선 음료의 종류를 커피에서 홍차 또는 허브티로 바꾸는 등의 시도를 통해 군것질하는 습관을 깨부숴야 합니다.

팁 4
습관적으로 군것질을 하고 있다면,
15분 정도 주의를 환기할 다른 습관을 만들어 볼 것

정해진 시간만 되면 군것질을 하고 싶어진다, 식후에는 반드시 디저트를 먹어야 한다… 이처럼 '군것질 습관'이 몸에 밴 경우가 있습니다. 그런 경우, 먹고 싶다고 바로 군것질거리에 손을 뻗지 말고 '군것질을 하기 전에는 반드시 어떤 행동을 한다'라는 원칙을 정해 습관을 들여 보세요.

어떤 행동이랄 것은 거창할 필요는 없고 15분 정도 소요되는 간단한 활동이면 충분한데, 이를테면 다음과 같은 것들입니다. 책장이나 식기 선반 등을 정리해 보는 것, 손가락에 매니큐어를 칠해 한동안 손을 못쓰게 만드는 것, 반려동물과 놀아 주기, 독서 등 변화가 눈에 보이는 종류의 행위가 좋습니다.

이렇듯 군것질을 하기 위해서는 반드시 어떤 행위를 해야 한다는 루틴을 짜 두면, 그 행동을 하기 귀찮아서라도 군것질을 하는 빈도가 줄어들 거예요.

팁 5
도저히 군것질을 참을 수 없을 땐, '이걸' 먹자

아무리 다이어트를 한다고는 해도 지나치게 식사량을 제한하거나 먹고 싶은 음식을 그저 참기만 한다면, 참다 참다 외려 폭식을 하게 될 수도 있습니다. 군것질을 도저히 참을 수 없다면 어느 정도는 그 욕구를 충족시켜 주는 게 좋습니다. 이를테면 기존에 매일 군것질을 하던 사람이라면 일주일에 하루는 '군것질 디톡스의 날'로 정하고 그날만큼은 군것질을 안 하는 식으로 말이죠. 그렇게 군것질 디톡스의 날을 하루에서 이틀, 이틀에서 사흘로 늘려 가 보세요.

다른 방법으로는 건강한 대용품을 섭취해 식욕을 충족시키거나 잠재우는 것입니다. 식이섬유소인 바나나, 사과, 파인애플, 키위 등의 과일류나 채소스틱 또는 고구마말랭이, 단백질원인 요거트나 치즈, 삶은 계란 내지는 계란말이 등은 편의점에서 손쉽게 구할 수 있는 아이템입니다. 이것들로 군것질을 대체해 과자나 디저트 섭취 빈도수를 줄여 가 보세요.

건강한 디저트 리스트

❶ 바나나, 사과, 키위

❷ 요거트, 치즈, 우유

❸ 고구마말랭이, 채소스틱

❹ 두유, 삶은 계란

팁 6
군것질을 할 땐 '의식하며' 먹는다

배가 고픈 게 아닌데도 이상하게 군것질을 하고 싶어질 때가 있지 않은가요? 원인이야 다양하지만 가장 크게는 스트레스와 수면 부족 두 가지를 꼽을 수 있습니다. 당연하다면 당연한 말이겠지만 스트레스 때문이라면 자신만의 기분 전환 방법을 탐색해 볼 것. 수면 부족 때문이라면 잠잘 시간을 충분히 확보해 둘 것.

그럼에도 불구하고 군것질을 하고 싶어진다면 점심 이후부터 저녁 식사를 하기 전까지, 최대한 그 사이에 과자나 간식을 섭취하는 편이 좋습니다.

또한 ==간식을 아무 생각 없이 그냥 먹는 게 아니라 '먹고 싶은 것을 수고스럽게 준비해 먹는다'라고 의식하며 섭취==해 주세요. 이를테면 정성스럽게 차를 내리거나 커피를 타고, 간식이나 디저트를 예쁘게 접시에 담는 행위. 군것질을 한다고 ==죄책감을 갖기보다는== 차라리 '이건 ==나를 위한 보상=='이라는 마음가짐으로 먹고, 다음 끼니부터 또 열심히 '살 빠지는 탄단식 식단'을 실천해 보면 어떨까요?

비교적 칼로리가 낮은 디저트 Best 3

1위 커스터드슈크림

2위 치즈케이크

3위 과일푸딩젤리

생크림이나 휘핑크림보다는 단백질 함량이 더 높은 커스터드크림 쪽을 추천합니다. 마찬가지로 생크림케이크보다도 치즈케이크 쪽이 탄수화물 함량은 더 낮고 단백질 함량이 높습니다. 탄수화물, 그리고 지방 함량이 조금이라도 더 낮아야 혈당치가 급격하게 오르는 것을 방지할 수 있습니다.

인공감미료가 첨가된 제로칼로리·제로슈거 음료 및 디저트가 다양하게 나오고 있습니다만, 이런 제품들은 뭘 먹어도 뒷맛이 비슷비슷한 경향이 있습니다. 또한 국내 영양성분 표기법상 설탕보다 혈당을 가파르게 올리는 성분도 '당류'로 표기되지 않을 수 있지요. 그러니 차라리 횟수를 정해 놓고 진짜 먹고 싶은 디저트를 섭취해 식사의 만족도를 높여 주세요(물론 너무 많이 먹어서는 안 되겠지만요).

팁 7
살 빠지는 편의점 메뉴 조합에
디저트를 포함시키는 비법

'(디저트) 도저히 못 참겠다!' 싶을 때 대처하는 필살기를 소개합니다. 바로 디저트를 포함해 이를 살 빠지는 탄단식 조합에 맞게 꾸리는 건데요. 이를테면 팬케이크(탄수화물원)를 먹는다고 치면, 따뜻한 밀크티(단백질원)와 샐러드나 과일(식이섬유소)을 마저 조합해 한 끼 식사로 대체하는 겁니다.

물론 매일 해 볼 수 있는 방법은 아니지요. 그치만 좋아하는 음식을 지나치게 참느라 스트레스만 받는 다이어트를 할 바에야 한 끼 정도는 위와 같은 '보상 식단'으로 대체해 보는 것도 방법이 될 수 있습니다.

다이어트는 균형 잡힌 영양소로 배를 채우는 것도 중요하지만, '마음을 채우는 일'도 그 못지않게 중요합니다. '다이어트 중이니까'라며 딱히 좋아하지도 않는 간식을 그저 칼로리가 낮다는 이유만으로 섭취하기보다는, 참을 때는 참고 그러는 한편 때때로 살 빠지는 탄단식 조합에 맞춰 먹고 싶은 걸 살이 덜 찌는 방향으로 섭취하는 편이 다이어트를 보다 건강하고 오래 지속할 수 있도록 만들어 주지 않을까요?

'보상식 버전' 살 빠지는 탄단식 메뉴 조합

❶ 팬케이크 탄 + 따뜻한 밀크티 단 + 손질 사과 식

❷ 와플 탄 + 따뜻한 디카페인 라떼 단 + 손질 파인애플 식

❸ 도라야키 탄 + 우유 단 + 냉동 블루베리 식

팁 8
아이스크림이 먹고 싶어질 땐, 얼린 요거트를 먹을 것

    1년 사계절 내내 맛있게 먹을 수 있는 아이스크림. 다만 다이어트를 시작했다면 먹고 싶을 때마다 다 먹을 순 없습니다. 힘들더라도 우선 2주 정도 아예 끊거나 섭취 빈도를 확 줄여 보세요. 적어도 습관처럼 아이스크림에 손을 대는 일이 줄거나 평소보다 단맛을 강하게 느껴 절반 분량만 먹어도 만족감을 느끼게 될 거예요. 더도 말고 덜도 말고 딱 2주만 도전해 미각이 바뀌는 감각을 느껴 보세요.

    그럼에도 불구하고 아이스크림이 먹고 싶어질 땐 무지방·무가당 그릭요거트를 얼려 섭취해 보세요. 감미료 성분은 온도가 낮아지면 그 단맛이 그대로 느껴지지 않는 경우가 있습니다. 그러니 차라리 애매하게 감미료가 들어간 요거트를 얼리기보다는 무가당 요거트를 얼려 기호에 따라 메이플시럽이나 천연벌꿀 등을 추가로 넣어 먹는 편이 다이어트에는 효과적입니다.

나만의 다이어트 요거트아이스크림 만들기

① 무지방·무가당 요거트를 냉동실에 넣어 얼린다.
② 먹기 전 얼린 요거트를 상온에 10~15분 정도 해동한다.
③ 메이플시럽이나 천연벌꿀 등 미네랄 성분이 다량 함유된 감미료를 넣으면 완성!

혀의 끝부분(제일 앞부분)은 다른 부위보다 단맛을 더 강하게 느낍니다. 얼린 요거트의 가장 윗부분에 감미료를 뿌려 섭취하면 입에 넣는 바로 그 순간, 강렬한 단맛을 느낄 수 있을 거예요.

팁 9
편의점에서는 디카페인 음료를 고를 것

출근해서, 혹은 외부 활동 시 수분을 섭취할 기회를 자주 놓치곤 합니다. 밥 먹을 때나 물을 한잔 마시는 정도고, 생각해 보니 하루 종일 마신 거라곤 커피밖에 없는 날들도 부지기수이지요. 커피에는 이뇨 작용을 활발하게 하는 카페인이나 탄닌 성분이 풍부합니다. 이 같은 성분은 배뇨 시 체내 수분 양을 조절하는 칼륨도 함께 몸 밖으로 배출시켜 버리는 까닭에 무의식적으로 섭취해서는 곤란합니다.

특히나 식사 도중 커피를 섭취하거나 식사 후 바로 커피를 마시는 경우, 철분이 체내에 제대로 흡수되지 못해 빈혈 증상이 생길 수 있습니다. 대사활동을 주관하는 주요 무기질인 철분이 체내에 부족해지면 체중 감량에도 적신호가 켜진다는 사실, 알고 계셨나요? 대개 커피를 수면과만 연관 지어 생각할 뿐이지 건강과 다이어트에 영향을 미친다고는 생각지 않으시더라고요. 실제로 빈혈이 있는 분들 식습관을 들어 보면 식사 직전, 직후 카페인을 섭취하는 분들이 많기도 했고요.

그러니 다이어트를 시작했다면 논카페인 혹은 디카페인 음료를 섭취하는 편이 좋습니다. 가장 좋은 건 상온의 물이나 끓인 물이 좋고, 차선책으론 보리차나 허브티도 괜찮습니다. 만일 커피를 꼭 마셔야 한다면 최소 식후 30분이 지난 뒤에 마셔 주세요.

팁 10
편의점에서 이것만은 사지 마세요!

없는 게 없는 편의점. 그런 편의점이지만 이것만큼은 사지 않았으면 하는 제품들이 있습니다. 바로 설탕 대신 칼로리가 낮거나 아예 없는 대체 감미료를 사용한 음료, 이른바 '제로 음료(젤리 및 과자도 포함)'입니다. 설탕에 비해 100배 이상 강렬한 단맛을 내는 이 같은 대체 감미료에 익숙해지면 단맛을 느끼는 미각이 둔화돼 더 많은 양의 (제로) 제품을 섭취하게 되는 경향이 있습니다. 한마디로 습관이 되는 것이지요. 칼로리가 없다는 함정에 빠진 채 말입니다. 그러나 뭐든 '적당히' 섭취하는 게 중요한 법. 대체 감미료 중독에서 해방되어 봅시다.

(견과류) 프로틴바도 마찬가지입니다. 프로틴바를 통해 단백질이야 섭취할 수 있을지 몰라도 이것만으론 식이섬유소와 탄수화물원을 충분히 섭취하기는 어렵습니다. 게다가 프로틴바 단품만으론 근기가 부족해 꼭 뭔가를 더 먹게 되지요. 결과적으로는 과식·칼로리 과다 섭취로 이어지는 불상사를 낳고 맙니다.

팁 11
무슨 일이 있어도 공복만큼은 피할 것

배가 고파지는 감각, 허기가 지는 감각은 왠지 스스로 다이어트를 제대로 하고 있는 것만 같은 환상을 불러일으킵니다. 그러나 공복 상태가 너무 오래 지속되면 그만큼 다음 끼니때 과식할 위험도 커집니다.

다이어트를 하더라도 끼니를 거르는 행위는 절대 금물. 또한 너무 배가 고픈 상태보다는 차라리 '출출하다' 싶을 때 그다음 끼니를 섭취해 주는 편이 낫습니다. 살 빠지는 탄단식 조합으로 아침·점심·저녁을 제대로 챙겨 먹으면 자연히 끼니 사이사이 출출함을 느끼게 될 테고, 만일 그렇지 않고 계속 배가 불러 있는 상태라면 식사 시 너무 많은 양을 섭취하고 있지는 않은지, 소화력이 떨어진 것은 아닌지 살펴봐야 합니다.

팁 12
체중은 신경 쓰지 말 것

끼니를 거르거나 극단적인 식단 다이어트를 해 초단기간에 살이 빠진다고 해도, 이를 지속하기란 불가능에 가깝습니다. 다이어트란 '1킬로그램 감량할 거, 그냥 빨리 빼 버리자'가 아닌 '안 맞던 청바지가 어느새 편하게 맞는' 과정이 되는 게 바람직하니까요. 또한 체중이 줄어도 중요한 건, 감량 수치가 아닌 감량의 내용입니다.

- 체중 3킬로그램 감량, 체지방률 1% 감소
- 체중 1킬로그램 감량, 체지방률 3% 감소

이를테면, 위 두 상황에서 더 바람직한 경우는 단연 후자라는 것입니다. 체중을 잴 때마다 '아, 다행히 빠졌다!' '또 쪘어!' 식으로 일희일비하지 않는 게 무엇보다 중요합니다.

팁 13

무엇을 뺄지가 아닌,
무엇을 어떻게 조합할지를 고민할 것

지금보다 체중이 15킬로그램 정도 더 나갈 적, 저 역시 체중계에 표시된 숫자로 그날의 기분이 좌지우지되곤 했었습니다. 그저 숫자일 뿐인데 제 가치를 멋대로 정하는 기분이 들었달까요. 당연히 체중을 잴 때마다 스트레스는 늘어만 갔습니다.

그치만 체중이 늘었다고 해서 전날 섭취한 식단이 잘못되었다는 법은 없습니다. 매일 체중을 재되, 유의미한 변화 기간의 기준을 일주일 정도로 두는 건 어떨까요? 일주일간의 변화 추이를 보면, 의외로 체중과 체지방률이 감소하는 '경향'을 눈으로 확인할 수 있을 거예요.

가장 중요한 건 몸무게라는 숫자에 사로잡히지 말 것. 진정한 다이어트는 '여기서 뭘 더 줄일까'가 아닌 내 몸을 위해 '무엇을 더 넣어 줄까'를 즐겁게 고민하는 일에서부터 시작된다는 사실을 잊지 마세요.

스텝 5.

편의점 다이어트 식단의 완성

> 편의점 다이어트 식단 하이라이트 1
> ## '양'보다는 '조합'을 신경 쓸 것

　배가 고파져 밥을 양껏 먹었는데, 얼마 안 가 금방 또 배가 고파진 적이 있지 않나요? 포만감을 지속하는 데에는 무엇을 '얼마나' 먹는지보다 무엇을 '어떻게' 먹는지가 중요합니다. 주먹밥만 3개를 먹기보다는 살 빠지는 탄단식 조합에 따라 '주먹밥 1개, 미소된장국, 계란프라이'를 먹는 편이 더 오래 포만감을 유지할 수 있습니다.

　제게 상담을 요청해 온 한 여성분은 밥을 먹어도 뒤돌아서면 배가 고파져 어릴 적부터 늘 고봉밥을 먹어 왔다고 했습니다. 하지만 살 빠지는 탄단식 조합에 따라 의식적으로 탄수화물, 단백질, 식이섬유소 세 가지 영양성분을 골고루 섭취함으로써 고봉밥이 아닌 적당한 한 그릇으로도 포만감을 오래 유지할 수 있게 되었고, 결과적으로 체중도 8킬로그램이나 감량할 수 있었습니다.

　흔히들 섭취 칼로리보다 소비 칼로리를 높이거나 섭취 칼로리를 압도적으로 줄이는 것에서부터 체중 감량이 시작된다고 말하곤 합니다.

- 채소카레 800칼로리
- 해산물을 곁들인 채소카레 950칼로리

　위 두 예시 중 칼로리가 더 적은 쪽은 전자입니다. 당연히 이쪽이 체중 감량에 더 도움이 된다고 생각할 수 있겠지요. 그러나 실제로는 해산물이 토핑된 후자 쪽이 영양 밸런스가 더 잘 잡혀 있으므로 식이섬유소와 함께 천천히 소화되면서 포만감이 더 오랫동안 지속됩니다.

전자의 경우 칼로리는 분명 낮습니다만, 밥을 먹고도 얼마 안 가 배고픔을 느끼게 될 수 있고, 이때 참지 못하고 군것질 등을 해 버린다면 그야말로 말짱 도루묵이라고 할 수 있지요. 어찌저찌 잘 참았다고 해도 '아 다이어트는 역시 배고픔을 참는 과정의 연속이구나. 정말 힘들다'라는 감각만 남을 수 있고요.

==체중 감량의 본질은 섭취 칼로리라는 '숫자'를 줄이는 데 있지 않습니다.== 영양학적으로 균형 잡힌 식단을 통해 대사를 활발하게 만드는 것. 다시 말해 우리 몸을 '살이 빠지기 쉬운 체질'로 만들어 주는 게 무엇보다 중요합니다.

편의점 다이어트 식단 하이라이트 2
적정량의 탄수화물 섭취로 과식을 미연에 방지하자

지금부터 살 빠지는 탄단식 조합의 탄수화물, 단백질, 식이섬유소 각각의 효능에 대해 보다 상세하게 설명하겠습니다.

탄수화물은 우리의 몸, 특히 뇌에 아주 필수적인 에너지원입니다. 탄수화물이 소화효소와 만나면 포도당이라는 성분으로 분해돼 체내에 흡수됩니다. 이 포도당이 부족해지면 집중력이 저하되거나 뇌의 활동이 둔해지곤 하지요. 기력이 달리기 시작하고, 쉽게 피곤해지기도 하는 등 한마디로 몸이 축납니다.

다이어트를 시작하는 단계에서 흔히들 하는 실수가 바로 이 탄수화물의 섭취를 압도적으로 줄이거나, 아예 먹지 않는 것입니다. 그러나 탄수화물은 죄가 없어요. 적정량의 탄수화물을 섭취해야 만족감과 포만감을 얻어 과식을 미연에 방지할 수 있습니다.

탄수화물의 섭취량보다도 중요한 건 바로 섭취 속도와 순서입니다. 식사 시 식이섬유소를 탄수화물원보다 먼저 섭취해 혈당 스파이크나 인슐린의 과다 분비를 방지하는 습관을 들여야 건강하고 지속 가능하게 체중을 감량할 수 있습니다.

탄수화물원의 섭취량을 줄이면 일시적으로는 살이 빠지지만, 변비나 빈혈로 고생할 위험이 커지고 기초대사량은 낮아집니다. 그 말인즉슨 일반식으로 돌아왔을 때 요요현상이 올 가능성 또한 높아진다는 의미고요.

물론 단백질이나 식이섬유소에 비해 너무 많은 양의 탄수화물원을 섭취한다면 살이 찌는 것도 분명한 사실입니다. 먹고 싶은 탄수화물을 적당량 먹되 살 빠지는 탄단식 조합에 따라 그 순서와 비율의 밸런스를 잘 맞출 것. 또 나머지 부족한 부분은 단백질과 식이섬유소로 보충하는 게 편의점 다이어트 식단의 핵심이라는 것 잊지 마세요.

편의점 다이어트 식단 하이라이트 3
단백질 섭취로 근육량과 기초대사량을 높이자

날씬해지기 위해서는 무엇보다 대사량을 높이는 게 중요합니다. 대사에는 기초대사, 활동대사, 식사유도성열대사 세 가지가 있습니다.

- **기초대사**: 뇌나 심장 등 우리의 의지와 상관없이 항상 활동해야 하는 장기나 신체 기관들을 움직이기 위한 에너지
- **활동대사**: 앉거나 서거나 하는 등 신체 활동에 의해 소비되는 에너지
- **식사유도성열대사**: 식사 중이나 식사를 한 후 체온이 올라가고 땀이 나는 등 식사를 하면서 소비되는 에너지

이 세 가지 중 기초대사는 근육량에 의해 결정됩니다. 기초대사량을 높여 쉽게 살이 빠지는 체질이 되고 싶다면 식사 시 단백질 섭취를 소홀히 해서는 안 되겠지요. 그렇다고 그저 단백질을 무식하게 많이 섭취하라는 의미는 아닙니다. 너무 많이 섭취해도 외려 소화되는 데 시간이 너무 오래 소요되거나 변비에 걸리기도 하는 등 소화 장애를 일으킬 수 있으니까요.

영양소는 적금처럼 먹어서 저장할 수 있는 게 아닙니다. 하루 세 번의 끼니 중, 아침에는 탄수화물원만 섭취하고 저녁에 한꺼번에 단백질원을 섭취하는 식의 식사법은 영양 밸런스가 잡힌 식사법이라고 할

수 없으며, 체중 감량으로 이어지지도 않습니다. 세 끼니 모두 적정량의 단백질을 섭취할 수 있어야 합니다.

　마지막으로 단백질에는 동물성단백질과 식물성단백질 두 가지 종류가 있는데 흔히들 낫토, 두부, 두유 같은 식물성단백질이 더 건강한 단백질이라는 이미지가 있지만 꼭 그렇지만도 않습니다. ==근육량을 늘리기 위해서는 동물성단백질과 식물성단백질 두 가지를 모두 골고루 섭취해야 합니다.==

편의점 다이어트 식단 하이라이트 4
식이섬유소로 장내 환경을 정돈하자

야채나 과일, 곤약이나 해초, 또 버섯 등에 다량 함유돼 있는 식이섬유소. 아침에는 시간이 없어서, 점심에도 간단히 해결하고 싶어서 (혹은 스태미나에 좋은 고칼로리 음식이 먹고 싶어서) 채소는 극소량만 섭취하고 저녁에만 샐러드로 한꺼번에 왕창 흡입…. 다시 한번 말하지만 다이어트에 있어서 이 같은 '적금식 섭취'는 아무 도움이 되지 않습니다. 탄수화물원, 단백질원과 마찬가지로 식이섬유소 역시 아침·점심·저녁 매 끼니에 적당량 분배해 일정하게 섭취해야 함을 명심하세요.

식이섬유소는 혈당이 급격하게 오르는 것을 막고 지방이 체내 쌓이지 못하도록 도와줄 뿐만 아니라, 콜레스테롤 및 체내 잉여 독소들을 장에서 흡착해 몸 밖으로 배출시켜 주기도 합니다. 식이섬유소의 섭취량이 줄어들면 위장 활동 역시 둔화되고 대사 기능도 떨어져 살이 빠지기는커녕 '살찌기 쉬운 체질'이 될 수밖에 없습니다.

또한 식이섬유소 섭취 부족은 변비와도 직결돼 장내 환경을 망가뜨리고, 우리 몸이 영양분을 제대로 흡수하지 못하도록 방해합니다. 결과적으로 '살찌기 쉬운 체질'이 된다는 말이지요. 매 끼니 적정량의 식이섬유소를 챙겨 먹어야 하는 이유가 바로 이 때문이기도 합니다.

물론 뭐든 과한 건 부족하느니만 못하다는 말처럼, 너무 식이섬유소만 양껏 섭취해서는 오히려 장운동을 방해할 수 있습니다. 살 빠지는 탄단식 조합에 따라 탄수화물·단백질·식이섬유소를 각각 골라 무엇을 얼마만큼 먹어야 자신에게 맞는지, 또 살이 효과적으로 빠지는지 그 조합과 양을 조금씩 달리해 가며 길을 찾아보세요.

편의점 다이어트 식단 하이라이트 5

살 빠지기 쉬운 체질은
탄·단·식의 삼위일체가 조화를 이루어야 한다

탄수화물, 단백질, 식이섬유소. 각각의 장점이 있겠지만 이 세 가지 영양성분을 매 끼니에 고루 갖춰 섭취해야 대사가 활성화돼 '살 빠지기 쉬운 체질'이 될 수 있습니다.

탄수화물은 인간이 활동하는 데 가장 기본이 되는 에너지원이지만, 이것만으로는 포만감을 지속하기 어려울뿐더러 과다 섭취 시 혈당이 급격하게 올라가고 지방으로 변환돼 체내에 축적되기까지 합니다. 단백질은 우리 몸에 근육을 만들어 주지만, 이것만으로는 대사활동을 원활하게 할 수 없습니다. 우리 몸에 꼭 필요한 비타민, 미네랄 등을 흡수할 수 있도록 도와주는 식이섬유소도 마찬가지입니다. 이것만으로는 에너지원으로 활용할 수 없습니다.

==이 세 가지 영양성분이 골고루 톱니바퀴처럼 잘 맞물려 흡수되고 기능해야 '살 빠지기 쉬운 체질'이 될 수 있다는 것, 명심하세요.==

편의점 다이어트 식단 하이라이트 6
질릴 틈 없이 재밌어야 지속할 수 있다

닭가슴살, 삶은 계란, 고구마, 방울토마토… 똑같은 음식만 계속 먹어야 한다면 금방 질리는 것도 문제지만, 먹는 행위에 대한 기대와 즐거움이 사라지고 시시해지기 마련입니다.

식사라는 행위를 체중을 감량하기 위한 도구로 삼지 않는 '편의점 다이어트 식단'이라면 다양한 편의점 상품의 조합들을 통해 질릴 틈 없이 즐겁게 다이어트를 할 수 있습니다. 아시다시피 체중 감량은 하루이틀 만에 되는 게 아닙니다. 단기간에 체중을 감량하면 할수록 요요라는 후폭풍을 맞을 위험 역시 커지고요.

저는 편의점 식품으로만 다이어트를 하기를 바라며 이 책을 쓴 게 아닙니다. 요리를 하거나 외식을 하는 등 일상생활에서 살 빠지는 탄단식 조합의 원리에 따라 식재료를 고르고 메뉴를 구성하는 것. 제가 이 책을 쓴 궁극적인 이유도 바로 이 때문입니다.

부디 즐겁게 시행착오를 거치며 자신만의 탄·단·식 최애 조합을 찾을 수 있기를. 그리하여 이 피가 되고 살이 되는 즐거움을 가족과 친구, 여러분의 소중한 사람들에게 널리 전파할 수 있기를 바라 봅니다.

마치며

과체중인 내가 '영양실조' 판정을 받고, 먹고 싶은 걸 먹으면서 날씬해진 방법

여기까지 읽어 주셔서 진심으로 감사합니다.

마지막으로 제 개인적인 이야기를 조금만 더 해 볼까 합니다. 저는 의사나 연구자 수준의 전문적인 지식은 없지만 무리하게 식사를 제한하지 않고 건강하고 즐겁게 다이어트하는 법을 많은 분들에게 전하고 있습니다. 매일매일 건강과 미용에 도움이 되는 정보를 어떻게 하면 잘 전달할 수 있을까 고민하고 있지요.

이런 저 역시도 원래부터 날씬했다거나, 건강한 라이프스타일을 유지해 왔던 건 아닙니다. 그저 평생을 다이어트를 '반려'로 여기며 살아 온 사람이었을 뿐이랄까요.

제 다이어트 연대기의 시작은 고등학생 시절로 거슬러 올라갑니다. 먹는 걸 너무 좋아했던 전 앉은자리에서 만주를 열 개씩 해치우고, 눈앞에 음식이 있으면 남기질 못하는 그런 아이였어요. 그런 까닭에 체중도 지금보다 15킬로그램은 더 나갔었답니다.

그러던 어느 날, 또래 친구로부터 "TV에 나오는 거대한 인형 탈 같아"라는 소리를 듣게 됩니다. 아무래도 감수성이 여린 때였어서 꽤나 상처를 받았더랬죠. 비로소 그때 다이어트를 결심하게 됩니다. 처음 시도해 본 다이어트 방법은 당시 유행하던 '식사량을 절반으로 줄이기'였습니다. 지금은 절대 따라 할 수 없는 방법이지만 당시에는 이 방법으로 나름대로 효과를 봐서 한 달 만에 7킬로그램을 감량했습니다. 불행하게도 그때부터 제게 다이어트란 '식사량을 줄이는 것'이 되고 맙니다.

시간을 조금 빠르게 감아 보겠습니다. 결혼과 쌍둥이 출산을 거쳐 40대를 넘어가자 제 몸은 전과는 비교도 할 수 없을 만큼 체중이 한꺼번에 불어, 급기야 XL 사이즈의 옷이 꽉 끼는 지경에 이르렀습니다. '이대론 안 돼.' 위기감을 느낀 저는 고등학생 시절에 했던 대로 '덜 먹는' 다이어트를 다시금 시작하게 됩니다. 일시적으로는 체중이 줄었지만 금세 원래대로 돌아가서는 좀처럼 빠지지 않았습니다. 설상가상으로 머릿결은 푸석푸석해지고 손발톱과 발뒤꿈치 같은 곳들이 쩍쩍 갈라지기 시작했지요.

몸 상태는 점점 안 좋아져만 가고, 결국 급성위염 진단을 받고 병원에 입원하게 되었습니다. 그런데 그보다 더 놀라운 건 과체중인 제가 혈액검사 결과 '영양실조' 상태였다는 것이었습니다. 이대론 안 되겠다 싶어 퇴원 후 어느 정도 몸을 추슬렀을 때부터 식단에 대해 알아보고 나름대로 공부를 시작했습니다. 단지 무식하게 먹는 양을 줄일 게 아니라 건강하게 먹어서 체중을 감량하는 게 제일 좋다는 결론에 이르렀지요. 그런데 아무리 건강식이 좋다고 해도 그걸 매일, 세 끼씩 준비하는 건 도저히 엄두가 나지 않았습니다.

육아와 가사로 바쁜 주부들, 회사 생활을 하는 직장인들도 생활 속에서 간편하게 실천할 수 있는 식단이 없을까? 수많은 시행착오 끝에 다다른 게 바로 이 '탄수화물×단백질×식이섬유소'를 매 끼니에 조합해 먹는 식사법이었습니다. 무리하게 식사량을 제한할 필요도 없고, 다이어트 약의 보조를 받거나 고강도 근력 운동을 할 필요도 없는 지속 가능한 다이어트 식사법. 그럼에도 반년 만에 체중 7킬로그램 감량, 체지방률은 8%가 감소한 식사법. 실제로 이를 따라해 보신 많은 분들이 연령에 상관없이 날씬하고 건강한 몸매를 유지하고 있습니다. 덤으로 피붓결이 개선되고 소화불량 및 변비 같은 증상이 나아진 것은 말할 것도 없고요.

　힘든 운동이 싫어서, 매 끼니마다 칼로리를 계산하는 게 귀찮아서, 디저트의 유혹을 이기기 어려워서 다이어트를 하고 싶어도 선뜻 도전하지 못하는 분도 계시리라 생각합니다. 일에 치이고, 가사노동에 시달리다 보면 다이어트에까지 에너지를 쏟기 어렵다는 것도 잘 알고요. 지금까지 한 번도 다이어트에 성공한 적이 없는 분, 다이어트를 결심해도 3일을 넘기지 못한 분들은 처음부터 목표를 너무 높게 잡았을지도 모릅니다.

　'유리멘탈'이어도, 끈기가 부족한 사람도 '큰맘 먹지 않고' 시작할 수 있는 편의점 다이어트 식단. 이 책에서는 포기가 빠른 사람들을 위해 아침·점심·저녁 하루 세 끼, 일주일치 식단 조합을 소개하고 있습니다.

'내가 먹는 것이 나를 만든다.' 그렇습니다. 체중 감량을 위해서만이 아닌, 스스로를 자랑스럽게 여기기 위해서, 남과 비교할 필요 없이 자기 자신을 사랑하기 위해서 우리는 건강하게, 잘 챙겨 먹는 습관을 들여야 합니다. 덜 먹는 게 아닌 잘 먹는 일. 그로부터 우리의 새로운 삶, 새로운 가능성이 열릴지 몰라요.

사이토 요시미

부록

편의점 다이어트 식단 응용 편

'편의점 다이어트 식단'에 익숙해진 것까진 좋은데 본문에 소개한 식단만으로는 이제 좀 질린다, 하는 분들을 위해 응용 편을 준비해 봤습니다. 편의점 상품을 사서 집에서 간단히 조리해 먹는 레시피로, 가급적 냄비나 프라이팬, 부엌칼 등은 사용할 필요 없이 전자레인지만으로 조리 가능한 예시들을 소개해 볼까 합니다(물론 탄수화물·단백질·식이섬유소를 모두 포함하는 레시피들입니다).

❶ 초간편중화수프

재료 짜사이, 손질 양배추(배추도 가능), 게맛살, 볶은 깨, 치킨스톡(파우더), 물

조리법 치킨스톡을 물에 풀고, 짜사이, 손질 양배추, 게맛살을 넣은 다음 전자레인지에 돌려 줍니다(700W 기준 2분 가열). 마지막으로 볶은 깨를 톡톡 뿌려 주면 완성! 치아바타나 모닝빵 등 식사빵을 곁들이면 살 빠지는 탄단식 조합에도 완벽하게 들어맞습니다.

❷ 두부김치나베

재료 두부, 김치, 짜사이, 숙주(콩나물도 가능), 물

조리법 모든 재료를 그릇에 넣고 전자레인지에 돌리기만 하면 끝(700W 기준 2분 가열). 여기에 주먹밥을 곁들이면 탄수화물, 단백질, 식이섬유소를 한 번에 섭취할 수 있습니다.

❸ 대만풍두유수프

재료 두유, 흑초, 다진 대파

조리법 두유를 전자레인지에 데워 줍니다(700W 기준 1분 가열, 너무 오래 가열하면 단백질 막이 생겨 마실 때 거부감이 들 수 있습니다). 그릇에 흑초와 다진 대파를 넣고 전자레인지에 데운 두유를 부어 섞어 줍니다. 토스트와 샐러드를 곁들이면 좋습니다.

❹ 서양식샐러드파스타

재료 감바스알아히요, 파스타면(두부면이나 곤약면도 가능), 양상추샐러드

조리법 파스타면을 그릇에 담고 그 위에 감바스알아히요, 양상추샐러드를 부어 주면 완성!

❺ 단백질 듬뿍 그라탕

재료 어묵, 어육소시지(혹은 게맛살), 피자치즈, 냉동 채소
조리법 냉동 채소는 패키지에 적힌 방법에 따라 해동해 줍니다. 어묵과 어육소시지(게맛살)를 먹기 좋게 자른 뒤 내열 그릇에 냉동 채소, 어묵, 어육소시지 순으로 재료를 깔아 주고 맨 위에 피자치즈를 뿌립니다. 전자레인지에 치즈가 녹을 정도로만 살짝 돌려 주면 완성!

❻ 한펜토스트

재료 식빵, 한펜, 피자치즈, 마요네즈, 후추
조리법 식빵에 마요네즈를 바른 뒤 한펜을 한 장 올리고 피자치즈를 뿌려 줍니다. 전자레인지에 피자치즈가 녹을 정도로만 살짝 돌린 뒤 후추를 뿌려 주면 완성! 여기에 샐러드를 곁들이면 좋습니다.

❼ 문어토마토찜

재료 데친 문어, 토마토 홀 캔, 손질 채소, 향신료(쯔란, 코리앤더, 강황 등), 소금, 후추

조리법 데친 문어와 으깬 토마토, 손질된 채소를 내열 용기에 넣고 향신료와 소금, 후추를 뿌려 줍니다. 그대로 전자레인지에 넣고 돌려 줍니다(700W 기준 1분 정도). 문어는 질겨질 수 있으므로 너무 오래 전자레인지에 돌리지 않도록 주의해 주세요. 여기에 주먹밥을 곁들이면 탄단식 조합도 완벽!

※ 코리앤더는 고수 씨 가루입니다.

편의점 다이어트 식단

1판 1쇄 펴낸날 2025년 7월 9일

지은이	사이토 요시미
감수	하마 히로노부
옮긴이	서선

펴낸이	김사라 정아연
펴낸곳	숨프레스

등록	제2024-000120호 (2024년 6월 11일)
주소	경기도 고양시 일산동구 강석로 21 더프라임빌딩 807호
팩스	0504-156-5495
이메일	soompress@gmail.com
인스타그램	@soompress

디자인	zincbook
제작	제이오

한국어판 © 숨프레스 2025

이 책은 저작권법에 의해 보호받는 저작물이므로 무단 전재와 무단 복제, 광전자 매체 수록을 금합니다.
이 책 내용의 전체 인용은 불가하며, 일부를 인용하는 경우에도 반드시 저작권자와 숨프레스의 서면 동의를 받아야 합니다.
AI(인공지능) 기술 또는 시스템을 훈련하기 위한 목적으로 이 책의 전체 내용은 물론 일부 문장, 이미지도 사용하는 것을 금합니다.

ISBN	979-11-990536-2-5 (13590)
책값	17,800원

잘못된 책은 구입하신 서점에서 교환해 드립니다.